ガンダーラの菩薩像

ミリンダ王

——仏教に帰依したギリシャ人

●人と思想

森　祖道
浪花宣明　著

163

CenturyBooks　清水書院

はじめに

ここに、『ミリンダ王の問い』（原名は『ミリンダパンハ』）と呼ばれるインド起原のパーリ語の仏教経典が残されている。この経典は中国で漢文（古典中国語）に翻訳され、『那先比丘経《なせんびくきょう》』という漢訳仏典として現存し、『漢訳大蔵経』の中に収められている。

本経典は、紀元前二世紀の中頃に、インド亜大陸の西北部を流れるインダス河上流の一角、今のパキスタン共和国のパンジャーブ州を中心として広大な領国を支配していたギリシャ人のミリンダ王（ギリシャ名はメナンドロス）と、当時この地域の仏教教団の指導者であったナーガセーナ長老（漢訳では那先比丘《なせんびく》、ときに竜軍《りゅうぐん》）との対話対論の書である。その内容は、仏教の重要かつ基本的な教理思想について、ミリンダ王がギリシャ的発想や思考に基づいて鋭く質問するのに応えて、ナーガセーナ長老がインド的思惟を背景にして、仏教の立場から多くの適切なる比喩をまじえながら誠実に応答教示したという、大変にユニークな記録である。この意味で、本経典はギリシャ思想とインド仏教思想との交流対決の書と言われているのである。しかもこの種のものとしては、現存唯一の貴重なる文献であって、仏教教団が「聖なる仏典」として二千百年以上もの長きにわたって、大切に伝持し学習し続けてきたものである。

本書は、『ミリンダ王の問い』をめぐる主要なる問題を多角的に取り上げて平易に解説してある。すなわち、全体を「I　伝記篇」、「II　経典篇」、「III　思想篇」に分け、それに「付篇」として「ミリンダ王故地旅行記」を添えた。

「I　伝記篇」においては、ミリンダ王とナーガセーナ長老という、経典誕生の両親とも言うべき二人の主人公の伝記を、彼らの活躍した歴史的時代的背景を描きながら記述した。

「II　経典篇」においては、経典『ミリンダ王の問い』そのものを取り上げて、その原初の形、パーリ語の原典と漢訳本、今は失われたインドの一テキスト、近代の各国語への翻訳書などについて説明してある。

「III　思想篇」においては、本経典に説示されている仏教の基本的な教理思想、すなわち無我・業《ごう》（行為）・輪廻《りんね》・修行《しゅぎょう》・涅槃《ねはん》などの根本問題の内容を核心に迫りながら、しかも可能な限り平易に解説した。

最後の「付篇」は、私自身が平成八年三月に、本書執筆の参考のために、ミリンダ王の故地である今日のパキスタンの北部地方に彼の面影を求めて旅行したときの旅行日記である。本書に使用されている写真の大部分はその折に撮影してきたものである。読者諸氏には、「本篇」のほうの読破に疲れたときに、頭を休めるつもりでこの「旅行記」を気軽に読み流していただければと思う。

なおこの「旅行記」に関係する事柄として、次の仏教展覧会について、一言触れておく。それは、去る四月十一日から六月二十八日の間、東京の東武美術館で開催され、評判の大変よかった「ブッダ展――大いなる旅路」という美術展のことである。鑑賞した人も多いことと思うが、そこには文字どおり、国内外の国宝級の仏教美術品が数多く展示されていた。その中に、最初期の仏菩薩像の代表作として、ガンダーラ美術の傑作の数々が陳列され、他を圧倒していた。それらは主として、パキスタンのスワート、タキシラ、ペシャワールなどの博物館の所蔵品であった。右の「旅行記」で述べているように、これらの博物館は、一昨年、私が訪問したところである。つまり私は思いがけず東京で、ガンダーラの仏菩薩たちと再会できたわけで、これはまったく望外の喜びであった。そのうえ、自分が一巡してきたこの地方の仏教寺院遺跡の大きなパネル写真も何点か展示されていて、大変懐かしかった。それもこれもみんなミリンダ王がとりもつ「仏縁」かと感謝している。この「ブッダ展」はその後、奈良と名古屋でも開催されている。

さてもとに戻って、本書はささやかな小著であるにもかかわらず、私一人の手になる単著ではない。共著者たる畏友、浪花宣明博士の協力があって、はじめて刊行できたものである。博士は原始仏教南方上座仏教の教理学研究を専門とする篤学の士で、本書の「III　思想篇」を分担執筆した。その他の部分はすべて私の拙作である。

清水書院の「人と思想」シリーズ中の一書として著わされた本書は、本シリーズの性格上、通常の学術専門書のように著述内容に対して必要に応じて詳しい出典や注記を付すことは原則としてしていない。

また、固有名詞や重要術語に対して原語を示すこともない。巻末の「参考文献」中にあげている書物は、比較的平易な啓蒙書の類で、現在入手可能なものが中心となっている。しかし本書は、その執筆に際し、中村元、水野弘元、和辻哲郎、佐々木現順、早島鏡正などの諸先学の優れた研究に、いちいちの注記は省いてあるが、非常に多くのものを負っている。また、パーリ原典の翻訳文は原則として、中村・早島共訳『ミリンダ王の問い』全三巻（「参考文献」参照）によっている。以上の諸点について、ここにまとめて一言、お断りしておきたい。

旧友である佐賀大学の副島正光教授の紹介で、清水書院の清水幸雄氏より本書執筆の依頼を受けたのは、今からもう数年以上も前のことであった。以来、常に気にはかかりながらも、公務の多端と生来の怠惰のために、原稿の完成は遅延を重ねて今日にいたってしまった。その間、寛容にお待ちくださった清水氏には、あらためてお詫びと、感謝の意を表したい。印刷出版に際しては、常務取締役・第二編集部長の村山公章氏に大変お世話になった。村山氏に対しても心から謝意を表する次第である。

古代インドのギリシャ人仏教徒ミリンダ王と、彼の師たるナーガセーナ長老、彼ら二人の生涯と共同作品である経典『ミリンダ王の問い』、そしてそこに語られている経典の教理思想、これらの事柄についての読者諸氏の知識と理解が、本書を通して少しでも深まるならば、それこそは私たち著者両名の無上の喜びである。

平成十年八月

森　祖道　記

目次

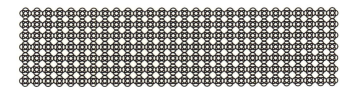

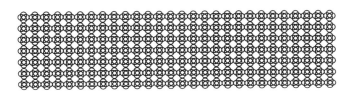

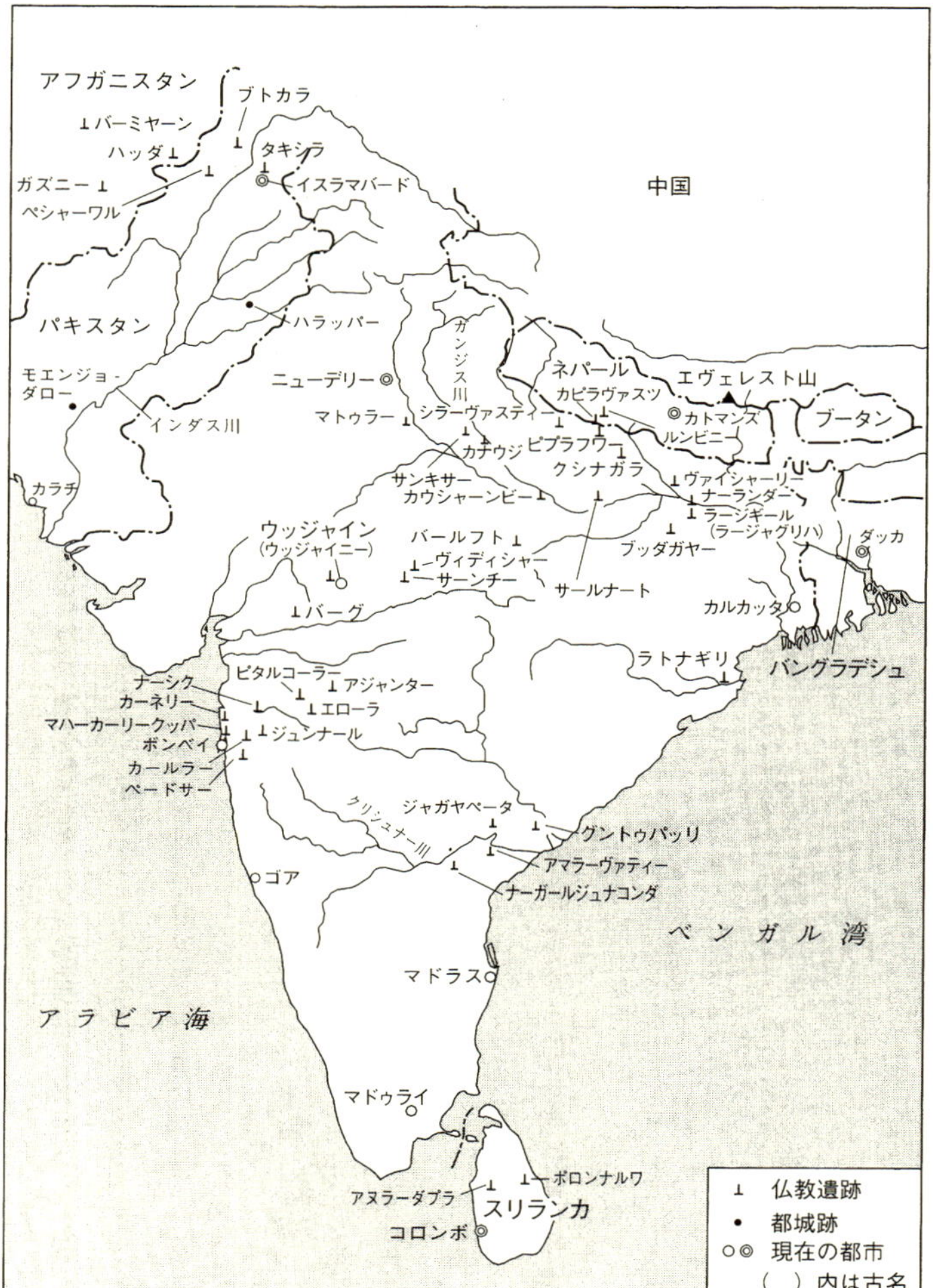

アフガニスタン
ブトカラ
バーミヤーン
ハッダ
タキシラ
ガズニー
ペシャーワル
イスラマバード
中国
パキスタン
ハラッパー
ガンジス川
ネパール
エヴェレスト山
モエンジョ・ダロー
ニューデリー
カピラヴァスツ
カトマンズ
ブータン
インダス川
マトゥラー
シラーヴァスティー
ルンビニー
カナウジ
ピプラフワー
カラチ
サンキサー
クシナガラ
ヴァイシャーリー
カウシャーンビー
ナーランダー
ラージギール
(ラージャグリハ)
ウッジャイン
(ウッジャイニー)
バールフト
ブッダガヤー
ダッカ
ヴィディシャー
サーンチー
サールナート
バーグ
カルカッタ
ラトナギリ
バングラデシュ
ナーシク
ピタルコーラー
アジャンター
カーネリー
エローラ
マハーカーリークッパ
ボンベイ
ジュンナール
カールラー
ベードサー
ジャガヤペータ
クリシュナー川
グントゥパッリ
アマラーヴァティー
ゴア
ナーガールジュナコンダ
ベンガル湾
マドラス
アラビア海
マドゥライ
ポロンナルワ
アヌラーダプラ
スリランカ
コロンボ
仏教遺跡
都城跡
現在の都市
( ) 内は古名

インド仏教史地図

I　伝記篇

一 伝記検討の資料と方法

一般に、インド人は歴史感覚に乏しく、古来、インドは「歴史なき国」と言われている。これはもちろん、インドが歴史を持たない国というのではなく、歴史がよくわからない国という意味である。それは国家や民族の歴史についてばかりでなく、個人の歴史についても言えることで、特に古い時代に関するほどそうである。

本書の主人公、ミリンダ王とナーガセーナ長老についても事情はまったく同様である。両者の生涯やそれぞれの事績について記した詳しい資料はまことに乏しく、正確なことはよくわからない場合が多い。ただわずかに、後に詳しく説明する『ミリンダ王の問い』と、漢訳『那先比丘経《なせんびくきょう》』それぞれの「序話」の中に、両者に関する伝記的記述が多少は見いだされるが、ほかにまとまった伝記資料は存在しない。しかもこの両書の記述には、同一事項について多くの相違が見られ、そのうえ一致している記述部分といえども、それがはたして本当に歴史的事実であったのか否か、厳密には疑わしい場合もある。そこでこのような文献資料の不足欠陥を補うための証拠資料として、残存する古い碑文や銘文、貨幣や美術彫刻品、その他の考古学的発掘品や遺品などをも合わせて検討して、研究を進める必要がある。

もっともよく考えてみれば、ミリンダ王の活躍した紀元前二世紀中頃とは、わが国では弥生時代の前期に相当し、いまだいかなる文字も文献も存在せず、いかなる特定の個人についての名前や情報もまったく得られないという、まさに「先史時代」の真っ只中であった。すなわち国家も民族も個人も、いわば混沌たる「カオス」の状態にあったわけである。この事実と比較すれば、インド文化の古さと凄さがよく理解できることであろう。ちなみに仏教がわが国に初めて紹介されたのは、ミリンダ王の時代からおよそ七百年後の、六世紀前半のことである。日本人は、そのときようやく一人前の文化人となったわけである。

本題に戻って、主として右の二種類の貴重なる文献の記述を批判的に比較考察し、他の傍証資料も参考にしながら、ミリンダ王とナーガセーナ長老という、『ミリンダ王の問い』の生みの親である二人の主役の生涯を、それぞれが担った時代的背景をバックにして、可能な限り正確に描き出してみたいと考えるのである。

二 西北インドのギリシャ人国家

古来、インドではギリシャ人のことをサンスクリット語で「ヤヴァナ」と言い、パーリ語では「ヨーナ」あるいは「ヨーナカ」とも言った。そして後には、ヤヴァナという名称はギリシャ人に限らず、インドに侵入してきた異民族を広く意味するようになった。

古代ギリシャとインドの接触交渉は、有名なアレクサンドロス大王の西北インド（主として今のパキスタン領内）侵略にはじまった。それは紀元前三二七年のことであった。彼の西北インド滞在はわずか二年ほどであったが、彼の西方帰還後も、この地方はしばらくの間ギリシャ人の軍事的支配下にあった。

しかしマウリア王朝（前三一七—前一八〇）の創立者、チャンドラグプタ王が、ギリシャ軍勢力を撃退して古代インドのほぼ全域を史上初めて統一したので、西北インドにおけるギリシャ人の政治的軍事的支配は、一時中断した。だが、そのマウリア帝国が紀元前一八〇年頃に崩壊した後、紀元前二—前一世紀頃の間、西北インド方面へはふたたびギリシャ人が侵入し、彼らの王国を次々に樹立していった。

タキシラの古代都市
遺跡シルカップ

このようにして建設されたギリシャ人の諸国家は、やがてサカ族の侵《しん》寇《こう》によって滅ぼされるまでの間存続した。

この地域でのギリシャ人の根拠地は、元来、オクスス河とインダス河の中間である北部アフガニスタン、当時はバクトリアと呼ばれていた地方であった。

アレクサンドロス大王以下のギリシャ人諸王は、この地に自分たちの植民地をまず建設、ここからヒンズークシュ山脈を越えて西北インドに侵寇し、ここにも植民地を建設したのであった。次々と輩出した彼らギリシャ人王は、長い間には多くの人数にのぼり、その総数は、今日その存在が知られている者だけでも四十人以上にも達する。

しかしながら、彼らの生涯や事績を記録した歴史資料というものはまったく存在せず、ただ彼らがかつて鋳造使用し、近代になって発掘発見されたような数多くの各種貨幣によってのみ、その史実は語られている。それらの貨幣は、本来のギリシャ貨幣と基本的には同種類であって、通常は、ギリシャ風の王の肖像にギリシャの神々の名が刻まれていた。しかし、インドの社会文化に深く浸透したというのか、あるいは逆にインドの影響を受けた結果というのか、なかには、インドスタイルの王の肖像にインドの文字が刻まれているギリシャ人王の貨幣が発見されたりして、なかなか興味深いものがある。

いずれにしても、ミリンダ王はこのようなギリシャ人王たちの一人であったわけであるが、しかし彼はインド側の資料にもその名をとどめる唯一の王であった。特に彼の生涯とその事績が、仏教経典『ミリンダ王の問い』を通じて、インドおよびその文化圏の歴史文化に与えた影響は大きかった。

三 ミリンダ王の生涯と事績

生い立ち

先に述べた四十人以上にもおよぶギリシャ人王の中に、エウテュデーモス（前二三〇―前一九〇頃在位）とデーメートリオス（前一九〇―前一七一頃在位）という人がいた。前者は、バクトリア王国の第三代目であった。彼はシリア王アンティオコス三世（前二二三―前一八七頃在位）と前二〇八年頃に戦って勝利し、名実ともに自らの王国の独立を確立した。デーメートリオス王は彼の子で、バクトリア王国の第四代となった。彼は前一九〇年頃に即位し、積極的に勢力の拡大を図り、アフガニスタン全域を征服したうえに、さらにインドにも侵入してパンジャーブ地方と西部インドの一部までも攻略した。

ミリンダ王は、このエウテュデーモス――デーメートリオスの王統に属し、その一分家の出身であったと考えられている。彼はアフガニスタンのカーブルの近くのアレクサンドリア市で生まれたようだ。『ミリンダ王の問い』の中に、これに関する記述が見られる。すなわち、ナーガセーナ長老はミリンダ王に問う。

「大王よ、あなたの出生地はどこですか」

「尊者よ、アラサンダーと名づけるディーパ（島）があります。私はそこで生まれました」

右の問答の中で、アラサンダーとは明らかにギリシャ名のアレクサンドレイアの転訛《てんか》であろう。ちなみに、古代スリランカの仏教史と王統史を述べた歴史書『マハーヴァンサ』（大史）というパーリ語文献では、アラサンダーは「ヨーナ（ギリシャ人）のアラサンダー」と表現されている。また「ディーパ」（島）とは、必ずしも大海の中の島のことではなく、二つの河と河との間の陸地を意味することもある。ちょうどわが国でも、大阪の堂島川と土佐堀川の間の地域を「中之島」と呼ぶのと同じ発想であろう。いずれにせよ「島」とはこの場合、アフガニスタンの中でパンジシル河とカーブル河の間の地帯のことで、現にこの地方のチャーリーカール近くに、かつてのアレクサンドリア市の遺跡が存在する。

とにかく、ミリンダ王はアレクサンドリアのギリシャ系の王家に生まれ、父王の死とともに王位に就いたらしい。『那先比丘経』には、「弥蘭（ミリンダ）の父王寿尽き、弥蘭立ちて王となる」と記されている。彼が何歳の頃にアラサンダーから、後に彼が都にしたシャーカラ（サーガラ）に移住してきたのかは不明である。

学問知識の修得

ミリンダ王は若い頃から、当時、上流階級の子弟によって学ばれていたいろいろな学問や技能を学習し、大変な学才の持ち主であったようである。『ミリンダ王の問い』は、この点について次のように述べている。

彼はまた、多くの学問を会得していた。すなわち、天啓書、教義書、サーンキャ、ヨーガ、ニャーヤ、ヴァイシェーシカ〈の諸哲学〉、数学、音楽、医学、四ヴェーダ聖典、プラーナ聖典、歴史伝説、天文学、幻術、論理学、呪術、兵学、詩学、指算の十九である。

ここに列挙された十九種の、当時の学問知識の種類のほとんどは、いわゆるインドの正統バラモン教の古典的学問知識である。しかし、彼がこのようなバラモン教的諸学を実際にどの程度、修めたのかは不明である。だが少なくとも彼が、一種の帝王学として一方では自分の本来帰属するギリシャ系の王家のギリシャ的教養知識を身につけ、他方ではなんらかのインド的知識文化をも学習したであろうとは推察できる。それは、『ミリンダ王の問い』の随所に述べられている、ナーガセーナ長老に対する彼の鋭い質問の中に、彼のギリシャ的思惟や教養がよく示されているのと同時に、インドの土着的知識文化に対する、彼のなみならない探求心が大変よく表れているからである。

統治者としてのミリンダ王

ミリンダ王は、自身の王国の首都であるシャーカラに居住し、文武両道に秀でた実力ある統治者として領国に君臨していたようである。例えば、『ミリンダ王の問い』には彼に関する次のような記述が見られる。

彼は論者として近づき難く、打ち勝ち難く、種々なる祖師のうちで最上者であるといわれる。全インドのうちに、体力・敏捷・武勇・智慧に関して、ミリンダ王に等しいいかなる人もいなかった。彼は富裕であって、大いに富み、大いに栄え、無数の兵士と車乗とがあった。

また、同じ書の別の箇所には、彼の統治について次のように述べられている。

王は、昔の正義の諸王の伝統を教えることによって正義と不正とを明らかにし、正義をもって治め、人民に望まれ、愛好され、熱愛される。

彼の宮廷には、常時、百人あるいは二百人の官吏が仕えていたが、そのなかで将軍、王の師、判事、会計官、王の傘（王権の象徴）を持つ人、王の剣を持つ人の六人は、近臣として特別に重要視されていた。このように、ミリンダ王の側近として仕え、彼を補佐した主要なる家臣はすべてギリ

ミリンダ王の王都シャーカラ＝現在のシアールコート／中央の丘より見た市街地

シャ人で、彼らは王の下で強力なる支配階級を形成していた。そしてその下に、旧来のインド人社会の階級たる王族武人、バラモン司祭者、資産者、奴隷などの階級に属する人々が、被支配者として領国に住んでいたのである。

領国と王都シャーカラ

ミリンダ王の支配した領国は広大な範囲におよんだようである。その支配領域は、西はカーブル地方、ヒンドゥークシュ山脈の北方地域、ガンダーラ、ハザーラ、スワート渓谷一帯などを含み、東は、おそらくグジャラートからガンジス河の支流ジャムナー河流域あたりにまでおよんでいたとされる。一説によれば、彼はさらに東方のガンジス河流域までも征服したとされる。

彼は西北インドのインダス河の支流、チナーブ河とラーヴィ河という二つの河にはさまれた地シャーカラ（パーリ語でサーガラ、漢文では舎竭または沙竭）に居住して、全領国を統治した。そのシャーカラは、当時「ギリシャ人の都」と呼ばれるほどギリシャ人支配の中心であり、物質は豊かで繁栄していた。多少の誇張はあるかもしれないが、『ミリンダ王の問い』はこの王都を以下のように描写している。

ヨーナカ人（ギリシャ人）たちの、多くの物資交易の中心地であるサーガラという都があった。そこは山河の風光が明媚で美しい地方であった。遊園・庭園・森・沼・蓮池があり、川や山や林によって美しい〔この都市は〕博識の技術者の設計したものであった。敵や反逆者は追い払われ、彼らの危難を受けることはなかった。多種多様の堅固な見張り塔と城壁があり、もっとも優れた城門と入り口があり、王宮は深い堀と白い壁に囲まれ、街路・四辻・広場・十字路は整然と区画されていた。多くの高価な品物が市場にあふれ、きれいに並べられていた。〔都市は〕種々なる幾百の「施しの家」に飾られ、ヒマラヤ山の山頂のごとく〔そびえ立つ〕十万の豪壮な邸宅に飾られていた。〔道路は〕象兵・馬兵・車兵・歩兵であふれ、美しい男女の群れが列をなし、クシャトリヤ（王族）・バラモン（司祭者）・ヴァイシャ（庶民）・シュードラ（奴隷）というそれぞれの階級の人々が群がっていた。さまざまなシャモン（沙門）・バラモンのグループは挨拶を交わし喚声をあげ、多くの異なる学派の指導者たちが住んでいた。市場にはカーシーやコートゥンバラ産のあらゆる織物が豊富に置かれ、また、きれいに並べられた各種の美しい花や香料を売る店からは芳香がただよってきた。人々の欲する多くの財宝が満ちあふれ、四方に向かって商品をよく陳列した貴重品の商人たちの集団が集まり、貨幣・銀・金・銅・石製品が充満し輝く宝の家のようである。財物・穀物・富・物資は豊かで、倉庫や蔵にあふれていた。多くの食べ物や飲み物、各種の硬いあるいは柔らかい食べ物、なめるあるいは飲む菓子類が豊富である。あたかも〔理想郷〕ウッタラクルのようであり、穀物が備わっていることは、天上の都アーラカマンターのようであった。

ところでこのシャーカラの現在地についてであるが、それは通常は今のシアールコート（付篇「旅行記」参照）であると考えられている。しかしこれには異説もあって、シャーカラはシアールコートからほど遠からぬパンジャーブ州のシェイク‐プラという土地にあるミアウ‐アリ‐ファキラン遺跡がそうであるという説や、イスラマバードの北西約四十キロのタキシラ（タクシャシラー）市（付篇「旅行記」参照）であるとする説もある。いずれにしても、古都シャーカラの地を確定するためには、本格的な考古学的調査が不可欠であろう。例えばまず、シアールコートの王城跡にふさわしいようなしかるべき場所を徹底的に発掘調査することが先決である

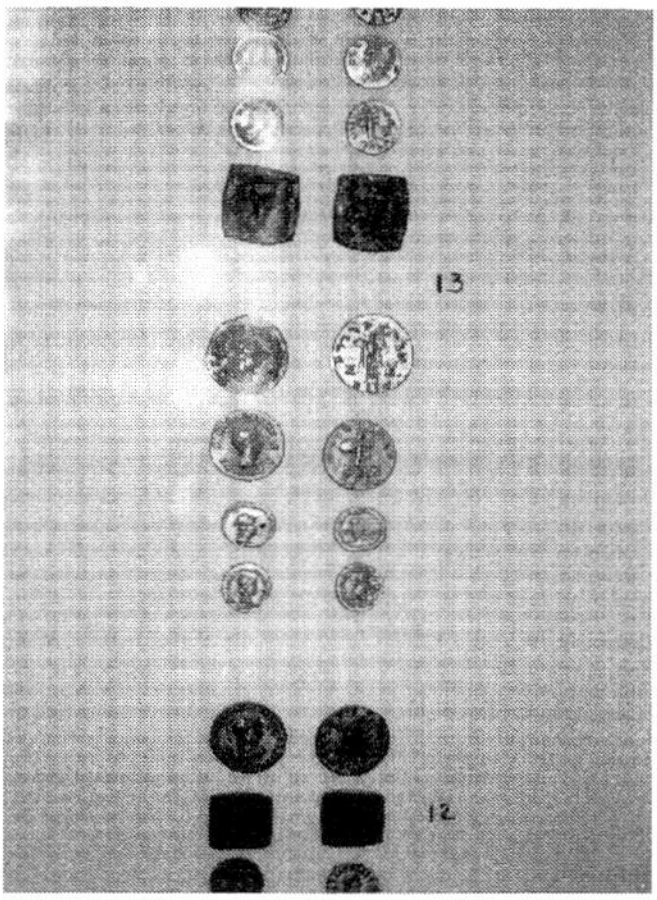

ミリンダ貨幣／タキシラ博物館

と考える。

ミリンダ貨幣

ミリンダ王は、今日知られているものだけで、二十二種類もの貨幣を造って流通させた。それには金・銀・銅の三種があり、いずれも立派な鋳貨で、ある貨幣の鋳造量は莫大なものであったらしい。このミリンダ貨幣の中の八種類には、彼の肖像が刻まれており、それには若年から老年の像までが含まれている。このことは、彼の在位期間がかなり長期にわたり、しかもその政治的・経済的支配力は継続して強大であったことを物語っていると言えよう。言うまでもなく、一般に貨幣の鋳造発行ということは、その政治権力が本格的で安定していて、強力かつ富裕な場合でなければあり得ないことであろう。一時的なゲリラ勢力や、不安定で流動的な短期の政権では貨幣の発行は無理である。

今日、ミリンダ貨幣が発見されている地域は、東はマトゥラー、西はカーブル、北はカシュミール、南は西海岸のグジャラートなどの広範囲におよんでいる。さらにインド国内のみならず、遠くイギリスの南ウェールズの古代都市の遺跡からも多数のローマの貨幣（古代イギリスはローマ帝国の植民地だったことがある）と一緒にミリンダ貨幣も一箇発見されたという報告がある。彼は広大な領土を支配し、なおかつ国の内外で通商貿易を盛んに行っていたのであろう。また、ミリンダ貨幣は、彼の死後もなお長く通用していたようである。彼の没後約二百年後にも、グジャラートのバリユガザという港町でこの貨幣が通用していたと報告されている。

ミリンダ貨幣に刻まれている彼の肖像は、面長で秀でた額に高い鼻梁、全体として聡明で意志が強い印象で、王者の風格がただよっている。また、ミリンダ貨幣の中には、ダルマ－チャクラ（法輪）が刻んであるものも見いだされる。法輪はわれわれにとっては、仏教のシンボルマークを意味するものであるが、しかしインドにおいては、他の宗教でもこれを用いた例が見られる。したがって、ミリンダ貨幣に法輪が刻まれていることが、ただちにミリンダ王の仏教信奉の証《あかし》とは断言できない。ところが近年になって、ミリンダ王（ここではミナドラ大王とある）が奉献したむねを刻んだ舎利《しゃり》壺が、パキスタン北西部のスワート渓谷の近く、バジャウル地方のシンコートというところから発見された。舎利とは言うまでもなく、仏舎利（釈尊の遺骨）のことで、これをストゥーパ（仏舎利塔）の中か下に埋葬し、塔全体を礼拝信仰することは、古来、インドをはじめあらゆる仏教国において非常に盛んであった。とにかくこの発見によって、元来はギリシャの神々を信仰していたであろうミリンダ王が、ある時代以降から仏教を信奉するようになったという事実が、考古学的にも確認されたわけである。

四 ギリシャ人の仏教信奉

実際の人物例

インドに進住した古代ギリシャ人の仏教徒としては、ミリンダ王が最も有名で、その典型的人物であるが、彼以外にも実は多くのギリシャ人が仏教を信奉した。その証拠は文献や碑文や銘文の中にも、また、発掘品の中からも数多く見いだすことができる。そして、このことはある意味で一つの大きな時代の潮流であったと考えてよいであろう。

例えば、前に述べたアショーカ王の時代に、インド内外に派遣された仏教伝道師の一人として、ヨーナカ人（ギリシャ人）のダンマラッキタ長老という人がアパラーンタカ地方（西南インド）に赴いたという記述が見られるし、同じくヨーナカ＝ダンマラッキタ長老と呼ばれた別人の記録もある。彼は、スリランカ出身の僧でインドに渡って学んだプナッバスクトゥムビカプッタ＝ティッサ長老という人の師匠として記録されている。

さらに、古代スリランカの首都、アヌラーダプラにあって、スリランカ上座部の総本山であったマハーヴィハーラ（大寺）の有名な大塔（前一六一—前一三七在位のドゥッタガーマニ王が建立。この大塔は、今日、立派に復興されてこの国の仏教の象徴となっている）の落成式に、三万人の僧とともにはるばるアラサンダー（アレクサンドレイア）から渡来して参列したヨーナカ人のマハーダンマラッキタ長老という人のことも『マハーヴァンサ』（大史、古代スリランカの歴史書）の中に記されている。

一方、碑文に残された例証としては、例えば、インドのマドヤ－プラデーシュ州にあり、現存する巨大な古い仏塔によっても名高いサーンチーの遺跡の中のあるものには、それがセータパタという場所の住民であったギリシャ人（ヨーナ）の寄進であるむねが記述されている。これはマウリア王朝時代のものである。また、ナーシクという土地ではイダーギダタというギリシャ人仏教徒が、石窟寺院と貯水池を寄進した。また、ミリンダ王よりも約二世紀後のことであるが、同じくギリシャ人仏教徒がカールレーの仏教寺院に柱を、あるいはジュンナルの仏教寺院に貯水池や講堂の門を寄進したものが、その銘文とともに現存している。

スリランカの古都アヌラーダプラの大塔／その落成式には古代ギリシャ人僧が大勢インド亜大陸より参列した。

遺品についても、紀元前五十年以前に郡守（ギリシャ人国家の高官）であったテオドーロスという人が釈尊の舎利を入れる壺を寄進したということが、そこに刻まれている銘文によって知られている。また、西北インドのタクシャシラー（タキシラ）の近くの仏塔から発見された銅板（前一世紀後半）の文章から、その塔はその土地の郡守（名前は不明）によって建立されたものであることが知られる。

以上のように、ギリシャ人の仏教信奉はすでにアショーカ王の時代に始まり、ミリンダ王の時代を経て、さらに後代にまでおよんでいる。そしてこのようなギリシャ人の仏教信奉は前にも述べた通り、当時のインドにおける一つの大きな精神的社会的潮流であったと理解できるのである。

宗教社会的背景

それでは右のような精神的社会的潮流の背景に存在したものは何であったのか。この問題は、一口で言えば、インド固有の社会階級制度である「四姓――カースト制」がその原因としてあげられよう。古来、西方より侵入して原住民を征服しつつ、次第にインド全域を支配していったインド・アーリア人が確立した社会制度は、いわゆる「四姓制度」と呼ばれた。これは、㈠バラモン階級（バラモン教の司祭者）、㈡クシャトリア階級（王族武人）、㈢バイシャ階級（農工商＝庶民／以上はアーリア人）、㈣シュードラ階級（奴隷＝被征服民）という四階級を基本とするものであった。そしてこれが、後代になってさらに非常に複雑多様に分化しつつ形成されたものが世襲の分業的職能集団を階級化した「カースト制度」であり、この社会システムは今日のインドにおいてなお厳然として生きている。

とにかく、右の四姓制度のもとでは、外来民族たるギリシャ人は、たとえいかに高度の文化を持っていたとしても、「野蛮人」の扱いを受けて蔑視された。例えば、バラモン階級を頂点とした古代インドの社会制度や生活規範を詳細かつ強固に規定した『マヌ法典』には、次のように記されている。

パウンドラカ（南方インド原住民）、チョーダ（同上）、ドラヴィダ（同上）、カンボージャ人（アフガニスタン人?）、ヤヴァナ（ギリシャ人）、サカ人（塞種）、パーラダ人、ペルシャ人、シナ人、キラータ人、ダラダ人、カシャ人はクシャトリア（王族）ではあるが、祭祀を廃棄し、またバラモンたちに諮問しなかったので、この世で漸次、賤民となってしまった。

これではギリシャ人は、たとえバラモン教的世界へ入って行きたかったとしても、入り得なかったわけである。

一方、これに対して元来、寛容性・国際性・超民族性・異文化受容性に富む仏教は、最初から「四姓平等」を主張し階級差別や排他的態度をとらなかった。例えば、『ミリンダ王の問い』の中にも次のような一節が見られる。

大王よ、人が戒律に安住して正しく注意努力するならば、サカ国でも、ヤヴァナ（ギリシャ）

でも、チーナ（シナ）でも、ヴィラータ（韃靼《だったん》）でも、アラサンダー（アレクサンドリア）でも、ニクンバでも、カーシー（ベナレス）でも、コーサラでも、カシミーラでも、ガンダーラでも、山頂においても、梵天界においても、いかなるところにいても、正しく実践するものは、涅槃《ねはん》を証する。

このように仏教は、民族の差別や地域国境の隔たりを越えて、人間個々人の本質的価値を直視した。その結果、インドに移住したギリシャ人がインドの宗教を信奉した場合、若干の例外を除いては、バラモン教には入らず、圧倒的に仏教に帰依するようになったわけである。

ちなみに、極端に閉鎖的で差別的なバラモン教――ヒンドゥー教社会にあって、その階級制の最下層民は厳しく差別され虐げられ、そして貧しかった。そのため近代のイギリス植民地時代においては、この苛酷な社会的経済的圧迫から逃れようとして、彼らの多くは、神のもとでの平等を説き、バラモン教的差別観を認めないキリスト教に入信した。

それが、第二次大戦後のインド独立以後は、その入信対象は「ネオ‐ブディズム」（新仏教）へと移っていった。「ネオ‐ブディズム」とは、独立後のインドに誕生し、賎民とも呼ばれる最下層民たちによる彼らのための新しい仏教運動であり、今日、なかなか盛んである。彼らはカーストのグループごとに集団で改宗するのである。

それはともかくとして、右のように古代インドにおいては、大勢のギリシャ人が仏教に帰依した。その結果生まれた宗教文化史上の大傑作で、後世の人に大きな恩恵を与えた文化遺産が二つある。その一つはギリシャ彫刻の影響を強く受けた、世界的に名高いガンダーラ仏教美術であり、もう一つはこの『ミリンダ王の問い』にほかならない。

五　釈尊*没後の仏教教団の展開

さて、今まではミリンダ王の側について書いてきたが、次はミリンダ王の対論者、仏教の師であったナーガセーナ長老の側に目を転じることにする。

まずその手初めとして、彼の活躍の前提ないしは時代的背景を探る意味で、仏滅（釈尊の死）後の仏教教団の発展について概観してみよう。（＊は三七頁参照）

「第一結集」が行われたインドの霊鷲山の山頂

釈尊の逝去と第一結集《けつじゅう》

齢《よわい》八十に達した釈尊は、大勢の弟子たちとともに当時の中インド、マガダ国の首都、王舎城（今のラージギール）を出立して、はるか北の彼方、故郷カピラ城市の方向を目指して遊歴の旅にのぼった。そしてその途中で、クシナーラーの沙羅双樹《さらそうじゅ》の木の下で入滅（逝去）された。それは紀元前四世紀前半頃（一説には前五世紀前半頃）のことであった、とされる。

開祖釈尊なき後の教団は、釈尊の遺教を後世に正しく伝えようと願って、高弟のマハーカッサパ（大《だい》迦《か》葉《しょう》）と、長年にわたって釈尊の側近に仕えたアーナンダ（阿難《あなん》）を中心として、おもだった遺弟たちが、王舎城郊外の「鷲の峯」山（霊鷲山《りょうじゅせん》）に集まった。そして、釈尊の四十五年間の長きにわたる多種多様な説法教示の内容を、相互に確認しつつ整理し、その内容を経《きょう》と律《りつ》とに分けてまとめあげた。これがいわゆる第一結集《けつじゅう》（第一回仏典編纂会議）と言われるものである。この経と律とが中核となって、その後百年から二百年ぐらいの間にさらに新しい内容を追加しながら整備が進み、ついには今日の経律論という「三蔵聖典」ができあがった。

アショーカ王石柱の柱頭／インドの国章になっている

アショーカ王と仏教

紀元前三世紀中頃に活躍したマウリア王朝第三代のアショーカ王（前二六八—前二三二頃在位）は、仏教に深く帰依して、彼の広大な帝国を仏教精神に基づく政治理念とその実行によって善く統治した。そのため彼は、しばしばわが国の聖徳太子（五七四—六二二）に比せられる。アショーカ王は彼自身の政治理念や政策・布告

部派教団の僧院跡／スワート地方ミンゴーラの郊外ブトカラ仏教遺跡

などを領土内の各地の岩山の壁面や石柱に刻みつけて、人民に告知している。これがいわゆる「アショーカ碑文」であるが、今日、発見されているこの碑文は、全部で三十種以上にも達している。彼はまた仏教教団を手厚く保護し、その発展に尽力している。例えば、全国各地に仏塔を建立し、僧団に多額の寄進をし、教団の統一和合に心を砕いている。そのうえ、彼は領国内のみならず、周辺の諸国にも仏教の伝道師を派遣した。

例えば、後代にスリランカで著わされたパーリ語の『サマンタパーサーディカー』という律蔵の注釈書によると、このとき、マッジャンティカ長老がカシミール－ガンダーラ地方（西北インド）へ、マハーラッキタ長老がヨーナカの世界（ギリシャ人支配地域）へ、そしてタンバパンニー島（スリランカ島）へはアショーカ王の王子（あるいは王弟）とされるマヒンダ長老が、それぞれ派遣され、開教に従事したと述べられている。その他、多くの長老の名が派遣された地域の名とともに列挙されている。かくして、アショーカ王の時代に仏教はインド国内に広く広まっただけでなく、国境を越えて近隣諸地域にも伝えられるようになった。

教団の分裂と部派仏教の時代

一方、以上のように仏教の教線が広いインド亜大陸の内外に拡大するにつれて、本来は一枚岩であった教団はいろいろな要因が重なって次第に分裂を繰り返すようになった。その要因としては、次の四点が考えられる。

㈠　教祖釈尊の逝去によって、教団の求心力や団結精神が衰えた。

㈡　教団が新しい未知の地域に進出するにつれて、その土地土地の固有の風土・民族・文化・言語・思想・信仰・風俗習慣などに接し、これに対応しつつ布教に努める必要上、教団のあり方や考え方を少しずつ変更せざるを得なくなった。

㈢　交通通信手段がまったく未発達の当時にあっては、教線の拡大によって、教団全体の意志の疎通を図ったり、統一見解をまとめたり、人物の交流に努めたりすることなど分裂の回避を図る方法を講ずることが不可能な状態となり、その結果、進出した先々の地域ごとに教団は個別に分立せざるを得なくなった。

㈣　時代と地域が変わるにつれて、そこに新しい指導者が出現し、彼らの個性や独自性が発揮されるようになった。

いずれにせよ、時間的・空間的・風土的・文化的な隔たりが教団の多様化を招いたことは、歴史の必然であったと言ってもよいであろう。

　教団の分裂は、釈尊の入滅後百年あまりの頃、まず保守的な上位者の多い上座部《じょうざぶ》と進歩的な下位者の多い多数派の大衆部《だいしゅぶ》とに二分した。そのきっかけは、教団の生活規則（戒律）の解釈と実践をめぐる問題や、広く教義上の問題で内部の対立が表面化したことであった。これを「根本分裂」と呼ぶ。その後、この二派のそれぞれからさらに新しい分派が次々に出現し、最終的には十八ないしは二十の部派ができあがった。これを「枝末分裂」と呼ぶ。大衆部系の諸部派は、主として中インドより南インドにかけて勢力を張ったが、概して大衆部系のほうが上座部系よりも勢力が弱かったようである。上座部系の諸部派の中では、西インド地方よりスリランカに進出した分別説部《ふんべつせつぶ》、後の南方上座部（本書五〇頁以下）や、西北インド方面に強固な地盤を築いた説一切有部《せついっさいうぶ》などが特に有力であった。しかし後には、中インドその他の地域に進出した正量部《しょうりょうぶ》という上座部系の部派も次第に強大となった。

　右のように分裂発展した仏教は、「部派仏教」と呼ばれた。その分裂は、紀元前二世紀頃、すなわちミリンダ王やナーガセーナ長老が活躍した時代には盛んに繰り返されていたわけである。やがて前一世紀頃から、部派仏教を越えるような改革運動としての大乗仏教運動が新しく勃興した。そして部派教団は大乗仏教徒からは「小乗仏教」と蔑称されるようになった。しかし、インドにおいては実際には、保守的で伝統の古い部派仏教のほうが、社会的経済的な基盤も確固としていて、大乗仏教よりも常に優勢であったことが知られている。

＊「釈尊」とは釈迦牟尼世尊の略で、ゴータマブッダの尊称である。釈迦牟尼とはシャーキャムニの音写で、釈迦族出身の聖者の意、世尊とは世に尊敬される人の意である。したがって、これはあくまでも、歴史上の人物としてブッダ（仏陀、仏）となり、仏教の開祖となった釈迦に対する仏教徒側からの敬称である。

これに対して、主として第III章で用いられている「ブッダ」という名称表現は、敬意をあえて排除した、いわば価値中立的な立場からの呼称であるが、この場合、具体的にはやはり釈迦を指すものである。仏教の教理思想の問題をより客観的に論ずる時には、この表現のほうが適していると考える。

六　ナーガセーナ長老の生涯

ナーガセーナ長老についての簡単な伝記が、『ミリンダ王の問い』と『那先比丘経』それぞれの「序話」の中で語られている。この二つの資料以外に、彼の生涯について記述したものは存在しない。しかしこの二種類の資料の記述内容には一致しない部分も見られるので、両者を比べて考える必要がある。

『ミリンダ王の問い』の記述

パーリ本『ミリンダ王の問い』の記述をまとめると、およそ次のとおりである。

彼は、ヒマラヤ山の中腹にあるカジャンガラというバラモンの村において、ソーヌッタラというバラモンを父として生まれた。七歳のときに、父の命によりバラモンの師について三ヴェーダ（バラモン教の根本聖典）をはじめ、当時の多くの学問知識を学習した。ところが、これらの学芸は空虚であり無意義であると考えて、仏教の尊者ローハナについて出家し見習僧となった。そして彼は、主としてアビダンマ（仏教教理哲学）を深く研究した。満二十歳になったとき、彼は具足戒《ぐそくかい》（本格的な戒律）を受けて比丘《びく》（一人前の僧）となった。その後、尊者ローハナの勧めにより、彼はさらにヴァッタニヤというところに住んでいた尊者アッサグッタについて修行し、さらにアッサグッタの指示にしたがって、当時、パータリプッタ（今のパトナ市）のアソーカ園に住していた尊者ダンマラッキタをはるばる訪ねて行き、彼について三蔵聖典を深く学び、その奥義をきわめた。その後、ヒマラヤ山のラッキタタタラに集まっていた多くのアラカン（修行の完成した高僧）たちに呼ばれてそこに行った。そして彼らに頼まれてサーガラ（シャーカラ）の都に出かけてサンケッヤという僧房に住み、ミリンダ王と対面することになった。

『那先比丘経』の記述

一方これに対して、『那先比丘経』の語るナーガセーナの伝記（原漢文）は、およそ次のとおりである。

彼は天竺（インド）に生まれ、陀獵と字《あざな》した。その家にいた一頭の象（ナーガ）と同じ日に生まれたので、那《な》（伽《が》）先《せん》（那《な》）（ナーガセーナ）と名づけられた。十五、六歳のとき、当時、高名な僧であった舅父（母の兄弟）に当たる楼漢（ローハナ）にしたがって出家し沙弥（見習僧）となった。二十歳で「大沙門の経戒」（具足戒）を受け、和鞞寺に来て頞波日という人に師事した。さらにそこで八、九十歳にも達する加維日という老僧の指導も受けた。しかし彼は、修行上のことで加維日の意にそむき、僧団から放逐されてしまった。そこで一人で深山に入り、樹下に坐して昼夜精進し、

ガンダーラの仏像／ペシャワール博物館

ついに羅漢《らかん》（アラカン）となることができ、そこで和鄲寺に帰った。その後、彼は諸方を遊行《ゆぎょう》し、多くの人々を教化《きょうけ》したために、その名声は四遠に聞こえるようになった。そしてあるとき、天竺舎竭国（サーガラ）にやってきて泄坻《せってい》迦《か》寺に止宿した。

まとめ

右のようにパーリ本と漢訳本とでは、その記述が必ずしも一致していないし、右の伝記がどこまで史実であるのか、他に裏づける証拠もないため、よくわからない点がある。けれどもナーガセーナ長老は、少なくとも仏教の教理哲学に詳しく、実践面でも優れた学徳兼備の名僧で、当時の教団で指導的地位にあった人だったことは確かであろう。この実力があったからこそ、ミリンダ王の鋭い質問に対しても立派な対応ができ、結果として王をして仏教を深く信奉させることができたわけである。

なお、ナーガセーナ（那先、竜軍、ナーガには象または竜の意味があり、セーナは軍隊のこと）という大乗仏教の専門家がいたことが中国の仏教文献の中に伝えられているが、これはもちろん別人であろう。また、同じく中国・日本において、偉大なるアラカン十六人を集めた「十六羅漢」に対する信仰が古来から伝えられていて、その中にも那伽犀那（ナーガセーナ）という名が見られるが、この羅漢もやはり本書のナーガセーナ長老のことではないであろう。

本書のナーガセーナは、あくまでも大乗仏教興起以前の時代の人であった。『ミリンダ王の問い』には大乗仏教思想はまったく語られていない。したがって、彼は部派仏教の人ということになるが、彼の所属した部派については正確なことは不明である。しかし彼は上座部系の部派、その中でもおそらく説一切有部系の人ではなかったかと推察される。その直接間接の理由として、以下の諸点があげられる。

(一)　パーリ本以外に、説一切有部系の『ミリンダパンハ』の一テキストが存在した（本書六三頁以下）。

(二)　『ミリンダ王の問い』の中に説一切有部の思想の萌芽と思われるものが指摘されている。

(三)　彼の活躍した西北インドは有部の地盤であった。

(四)　パーリ本は、他部派のテキストがある時代に南方上座部に取り入れられたものである。したがって、ナーガセーナは南方上座部以外の部派の所属であった（本書五四頁以下）。

七 王と長老の出会いと対論

両テキストの記述

さて今までに長々と説明してきたミリンダ王とナーガセーナ長老、この二人の主人公がどこでどのようにして対面し、質疑対論を重ねたかという点についても、パーリ本と漢訳本とではその記述は完全には一致していない。また、それぞれのテキストの中で、前後に相矛盾する記述すら見られる場合もある。

パーリ本によれば、ナーガセーナ長老の名声を耳にして、王は自分の大臣たるデーヴァマンティヤ（ギリシャ名デーメートリオス、漢訳名沾弥利）を使者に立てて、長老の意向を尋ねたうえで、自ら大勢の家臣を従えて都サーガラのサンケッヤ僧房に長老を訪ねた。そこで二、三の質問を長老に発して、それに対する長老の回答を得た。こうして両者の対論は開始されたが、まもなく時間もなくなったので、翌日王宮で再会することを約束して、その日は王は王宮に帰った。これは王の長老に対する一種のテストであり、準備質問であったのであろう。

さてその翌日、約束どおり長老は大勢の比丘たちとともに王宮にやってきた。王は全員に食事と僧衣とを供養した後、長老のほか、十人の比丘だけを改めて招いて、昨日の続きの問答を再開した。

その問答は延々と夜まで続き、これが終了したのは初夜（午後六時—十時）も過ぎて中夜（十時—午前二時）に入った頃であった。そしてその翌朝、長老は再度、王宮に赴いて王に三たび会見した。そこで両者は、昨夜別れた後には、それぞれ対論の全内容を反芻想起し、その問答の正しかったことを確認して過ごしたことを語り合い、ともに喜び合った。ちなみに、両者の間の問答はパーリ本の「前分＝本来の部分」（本書五六頁）だけで数えると、全部で八十二のテーマに関するものであった。

一方、これに対して漢訳テキストの記述によれば、両者の問答は、ミリンダ王が長老を訪問して始まったのではなく、最初から問答は王宮においてだけ行われたとされている。また、その質疑応答のテーマは七十六項ほどで、パーリ本の数よりは少しだけ少ない。

まとめ

右の両本には、このほかにも細かい点で前後に相矛盾する記述がある。例えば、第一日目の記述の最後の箇所に、長老が王宮に出かけたと述べている漢訳本に、なぜか「王即ち那先の為に礼を作し騎還して宮に帰る」という件《くだり》が見られる。またパーリ本では、王が長老を訪ねたとき、往《い》きは馬車で行き、帰りは馬で帰ったと記されている。右のような矛盾点を整合してまとめると、王は最初は自ら出かけていって長老に面会し、そのときは往復ともに馬に騎《の》っていったものと推断することが可能である。この点は、すでに故和辻哲郎博士も検討している。

右の二種のテキストを読んで、次に起こる素朴な疑問は、両者の対論の日数についてである。第一日目の初対面のときの王の質問は、パーリ本では三問、漢訳本では二問である。したがって、残りの大部分の問答（パーリ本で七十九問、漢訳本では七十四問）は、すべて第二日目になされたことになる。全問答の、そのときの原内容がたとえ今日伝えられているものよりもっと簡単素朴なものであったとしても、またその総数が若干少なめであったとしても、これだけの質と量の対話対論が、いくら夜遅くまで行われたとしても、わずか一日ですべて終了したとは考えにくい。したがって両者の問答は、実際には少なくとも前後数日を費やしてなされたのではないかと考えたいところである。ただし両者の会見は、連日行われなければならないとは限らず、ときには若干の日数をおいて続けられ、全部で数回にわたって行われたのではないだろうか。

いずれにしても、ミリンダ王とナーガセーナ長老とは、それぞれ自分の持てる英知と見識のすべてを出し合って、非常にレヴェルの高い対論をなし、これが『ミリンダ王の問い』という不朽の経典を生む母胎となったわけである。

II 経典篇

この第二章においては、まず、ミリンダ王とナーガセーナ長老の対話対論篇の原初的記録や伝持の問題について考え、次に、今日現存している『ミリンダ王の問い』の原典および漢訳『那先比丘経』、そのおのおのについて、言語、構成、伝播、翻訳など、経典をめぐるさまざまな問題について解説する。

一 経典の原型

ミリンダ王とナーガセーナ長老との口頭での直接対話は、最初、どのようにして記録保存されたのであろうか。この点については正確かつ詳細な事情はわかりようもないが、ただ最近の研究によって、『ミリンダ王の問い』の構成などについてもヘレニズム（古代ギリシャ文化）の伝統の影響がいろいろと指摘されている。これはミリンダ王の質問の内容や発想の根底にギリシャ的思想や価値観が存在するという、従来からの指摘とは別箇の発見である。

例えば、プトレマイオス二世（紀元前二〇〇年頃）というギリシャ人の王が、ユダヤの長老七十二人をアレクサンドリアに招き、彼らの聖典をギリシャ語に翻訳させたと述べている『偽アリステアス書』という書物と『ミリンダ王の問い』との間には、構造的に連関があることが発見された。

また、次のことも指摘された。すなわち『プトレマイオス二世の問い』(紀元前三世紀)という書では、十の質問とそれに対する答えが記されているし、別にアレクサンドロス大王がインドのバラモンたちに十の難問を発したという史伝も伝えられているので、「十」という数字はギリシャの伝統では重要な意味を持っていると推測できる。

一方、『ミリンダ王の問い』においては、ナーガセーナ長老が王宮に連れてきた大勢の比丘の中から、十人の者だけが許されて王と長老の問答の場に列席できた。この場合の「十人」という人数はただ単なる人数ではなく、特別の意味のある数字とみられる。

しかもヘレニズム世界では、帝王が外国の智者賢人に対して宗教や道徳の問題について質問することによって、帝王の信望を高からしめるという行為がかなり一般的に実行されていたということも、ここで明らかとなる。そこで、『ミリンダ王の問い』もこのようなギリシャ的伝統の産物と判断できるわけである。

さらにまた、この経典にはミリンダ王の側近者として、デーヴァマンティヤ、アナンタカーマ、マンクラ、サッバディンナという四人の人物の名があげられているが、一方、『偽アリステアス書』には、プトレマイオス二世の友人として、図書館長デーメートリオス、アリステス、アルキアス、ソシビオスという四人の名があげられている。両王の側近の数が一致するばかりでなく、その筆頭者の名もデーヴァマンティヤ＝デーメートリオスであって、同名異人ではあっても両者の名前は完全に一致している。このような点も単なる偶然の一致とは考えられないとされている。

以上のような諸例証により、『ミリンダ王の問い』は、最初ミリンダ王の側でギリシャ的伝統にしたがって記録製作され、したがってそれはギリシャ語で著わされていた可能性が大きいと考えられている。しかしこの原初の対話篇は、やがてギリシャ人国家の滅亡とともに消滅してしまったわけだが、その消滅以前に、何らかの機会にそのテキストは仏教教団側に伝えられた。そしてそれは教団内部においてさまざまに改変増補されて翻訳されながら、長い年月にわたって大切に伝持されつつ今日にいたったわけである。もしも本経典が最初から仏教教団の側で製作伝持されていたとしたならば、これには『ミリンダ王の問い』という、ミリンダ王を主役としたギリシャ的な経名はつけられず、最初から漢訳本のように、『ナーガセーナ比丘経』とでもいう、ナーガセーナ長老を主役にした仏教的な経名がつけられていたことであろう。

なお次の節でも述べるように、最初に教団の側にもたらされたギリシャ語の『ミリンダ王の問い』は、直接それからパーリ語に訳されたわけではなく、いったんは当時の西北インドあたりのある部派教団が採用していた聖典用語、おそらくはある種のプラークリット語か混淆サンスクリット語という言語に翻訳され、そのテキストがさらに後になって、南方上座部に受け入れられて、あらためてパーリ語に訳されたものと考えられている。

二　パーリ語原典

今日残されている『ミリンダ王の問い』のインド語の原典は、パーリ語で著わされたものが一種類だけ存在し、これは南方上座仏教によって二千年以上の長い間、営々と伝えられてきた。

パーリ語とは

パーリ語とは、インドの古典語の一種で、専門的に言えば、「中期インド–アーリア語」とも呼ばれるプラークリット語という言語グループの代表的なものである。このプラークリットとは、紀元前六世紀頃から紀元後十一世紀頃までの間に使用されたインドのアーリア系の民衆の口語的言語の総称である。またプラークリットとは、元来、サンスクリット語に対するものであって、サンスクリットが厳格なる文典によって人為的に規定完成された人工語・雅語、標準的な文化語・文章語、さらにはバラモン教＝ヒンドゥー教の聖典用語として、主として支配階級の言葉であったのに対し、プラークリットは人為の加わらない自然語・俗語・民衆語などという特性を有する。

パーリ語は右のようなプラークリット語（これにも各種ある）の代表的言語であって、最初は西

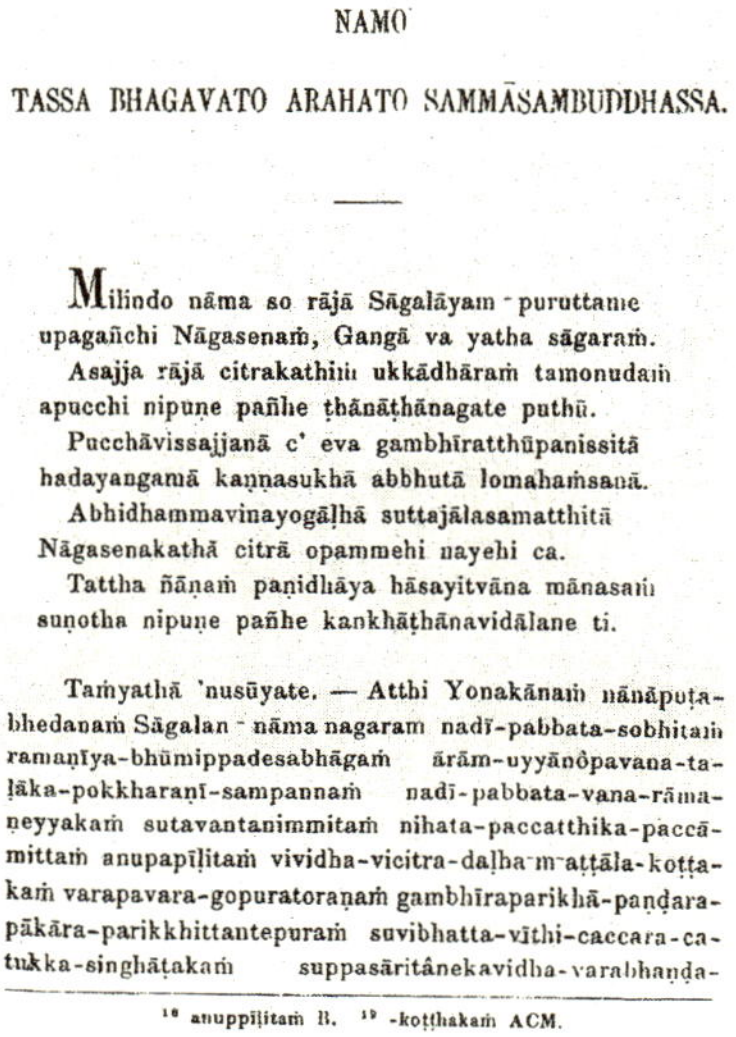
NAMO

TASSA BHAGAVATO ARAHATO SAMMĀSAMBUDDHASSA.

Milindo nāma so rājā Sāgalāyam - puruttame
upagañchi Nāgasenaṁ, Gangā va yatha sāgaraṁ.
Asajja rājā citrakathiṁ ukkādhāraṁ tamonudaṁ
apucchi nipuṇe pañhe ṭhānāṭhānagate puthū.
Pucchāvissajjanā c' eva gambhīratthūpanissitā
hadayangamā kaṇṇasukhā abbhutā lomahaṁsanā.
Abhidhammavinayogāḷhā suttajālasamatthitā
Nāgasenakathā citrā opammehi nayehi ca.
Tattha ñāṇaṁ paṇidhāya hāsayitvāna mānasaṁ
suṇotha nipuṇe pañhe kankhāṭhānavidālane ti.

Taṁyathā 'nusūyate. — Atthi Yonakānaṁ nānāpuṭabhedanaṁ Sāgalan - nāma nagaram nadī-pabbata-sobhitaṁ ramaṇīya-bhūmippadesabhāgaṁ ārām-uyyānôpavana-taḷāka-pokkharaṇī-sampannaṁ nadī-pabbata-vana-rāmaṇeyyakaṁ sutavantanimmitaṁ nihata-paccatthika-paccāmittaṁ anupapīḷitaṁ vividha-vicitra-daḷha-m-aṭṭāla-koṭṭakaṁ varapavara-gopuratoraṇaṁ gambhīraparikhā-paṇḍarapākāra-parikkhittantepuraṁ suvibhatta-vīthi-caccara-catukka-singhāṭakaṁ suppasāritânekavidha-varabhaṇḍa-

[18] anuppīḷitaṁ B. [19] -koṭṭhakaṁ ACM.

ローマ字版『ミリンダ王の問い』のパーリ語原典

インド地方で使用されていたものが、当時、この地方に進出してきた仏教教団によって、その「聖典用語」として採用された。教団はその後次第に多くの「小乗部派教団」に分裂しながらインド全域、さらには国外にまで展開するようになっていったが、その中の一派である今日の南方上座部の伝持する聖典は、すべてこのパーリ語で書かれたものである。なおパーリ語は、元来、固有の文字を持たなかったので、それが伝えられた地域の文字（表音文字）によって後に書きおろされ、その発音も今日では国によってかなり訛《なま》っている。

南方上座部

すでに第I章第四節（二六頁以下）において述べたように、教祖釈尊を中心に一体のものとして結成された「初期仏教教団」は、彼の逝去後、次第にインド内外の広大な地域に伝播展開していくにつれて、さまざまな要因によって分裂していった。その分裂分派はまず上座部と大衆部という根本分裂に始まり、最終的には十八とも二十とも言われる「小乗部派教団」が成立した。このうち、上座部系の一派で、最初は「分別説部《ふんべつせつぶ》」と呼ばれていた一派が、前述

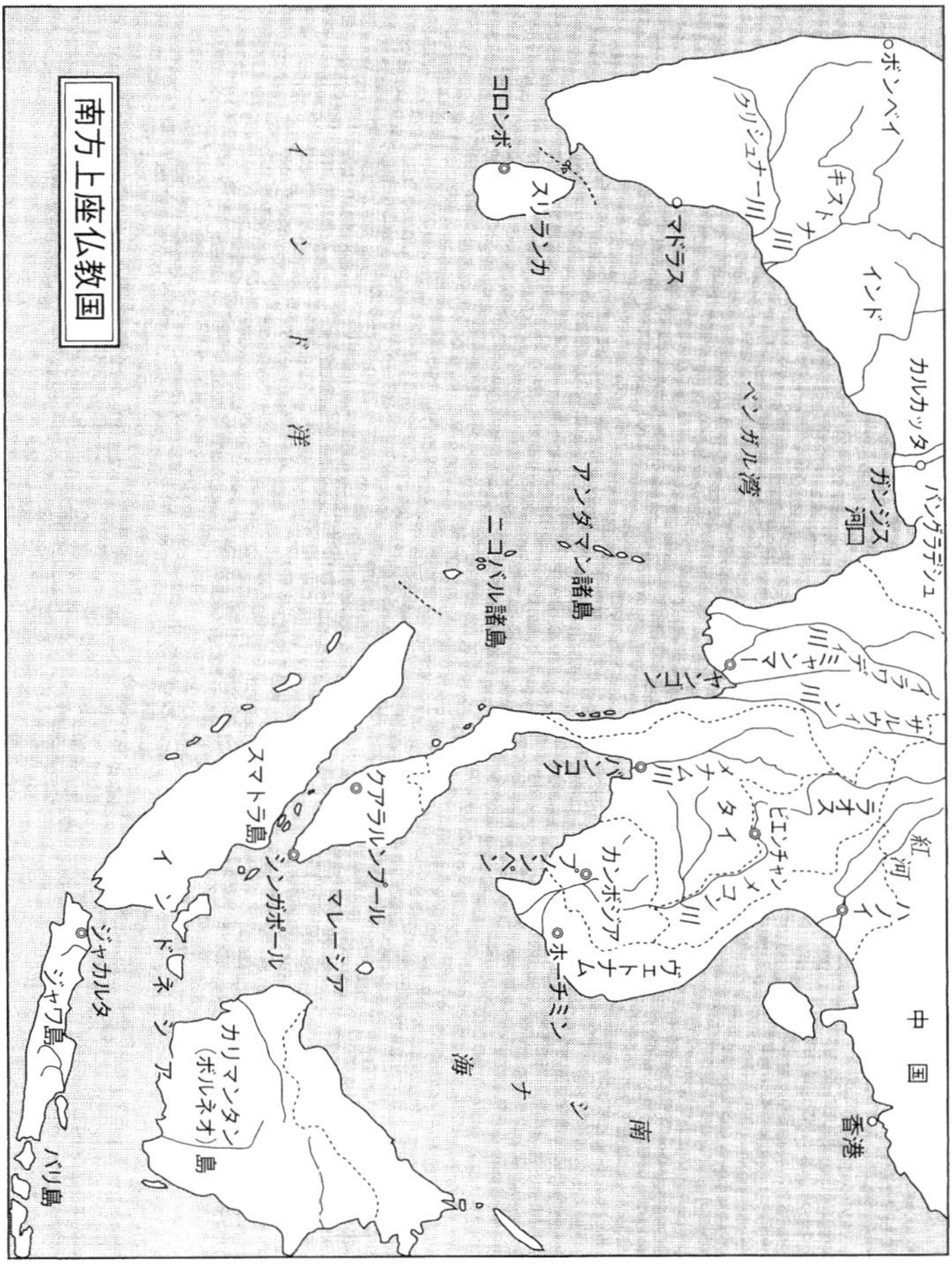
南方上座仏教国
ボンベイ
クリシュナー川
キストナ川
インド
マドラス
コロンボ
スリランカ
インド洋
カルカッタ
ベンガル湾
ガンジス河口
バングラデシュ
アンダマン諸島
ニコバル諸島
ミャンマー
ヤンゴン
サルウィン川
バンコク
メナム川
タイ
ラオス
ビエンチャン
紅河
ハノイ
メコン川
カンボジア
プノンペン
ホーチミン
ヴェトナム
中国
香港
南シナ海
マレーシア
クアラルンプール
シンガポール
スマトラ島
インドネシア
ジャカルタ
ジャワ島
カリマンタン
（ボルネオ）島
バリ島

したように、パーリ語を聖典用語として採用し、この言語で著わされた「三蔵聖典」を伝持しつつ、西インド地方よりインド亜大陸の南端の島国、スリランカに初めて進出した。それは紀元前三世紀中頃、マウリア王朝のアショーカ王の時代のことであった。

以来スリランカに定着したこの仏教は、その後、長い歴史の展開の間に幾多の盛衰を繰り返しながら、スリランカからタイ、ミャンマー、カンボジア、ラオス（ヴェトナム、バングラデシュの一部）などの主として東南アジア諸国に順次伝播し、それぞれの国で今日にいたるまで確固たる地位を築き、国教的な存在となっている。これを総称して南方上座部、あるいは単に上座仏教（テーラワーダ）と呼んでいる。

それればかりではなく、上座仏教は、近年、右の南方仏教諸国の人々の海外移住を追尾するかたちで、インド、マレーシア、インドネシア、オーストラリアなどのアジアの他の国々にも進出するようになった。

さらに、ヨーロッパ各地や北米の白人国家にも上座部の寺院は建立され、白人の比丘が出現した。ちなみにわが日本にも、北九州市にはミャンマーの寺院、千葉県佐原市にはスリランカの寺院があって、それぞれの国からきた上座部僧が活動している。このような南方の上座仏教は、かつて西北インド地方より中央アジアを経由して、中国、満州、蒙古、朝鮮、日本、さらにはヴェトナム、台湾、チベット、ネパールなどの東北アジア一帯に展開した大乗仏教とは、いろいろな点で好対照をなし、双璧をなす存在である。

パーリ語聖典（三蔵）と『ミリンダ王の問い』　南方上座仏教によって伝持されているパーリ語の文献は、全体で膨大な分量に達し、しかもそれらは整然と分類されて一大文献体系を形成している。まずその根幹をなすものは、律蔵・経蔵・論蔵より成る三蔵（ティピタカ）である。

律蔵（ヴィナヤ－ピタカ）とは、出家専門家（比丘〈男僧〉、比丘尼〈尼僧〉）や在家信者の遵守すべき戒、ならびに比丘、比丘尼の教団の団体生活規則やその解説・因縁話などを記したものである。

経蔵（スッタ－ピタカ）とは、五種の部（ニカーヤ）から成り、釈尊の教説を根幹として、その後の教理思想や説話などをも含んだ、大小さまざまな経典（スッタ）の集成である。

論蔵（アビダンマ－ピタカ）とは、七種の論書より成り、三蔵の中で最後に成立した部分である。その内容は経蔵中にすでに見られるさまざまな術語や教理などをさらに註解解説して教理的に発展させ、後におおいに発達したアビルダルマ教学（仏教教理哲学）の基礎となるものである。

右の三蔵はまた、「聖典」（パーリ）とも呼ばれた。それは、この三蔵だけが釈尊自身の直接説いた教え（直説《じきせつ》）であると信じられていたからである（しかし実際には、その中には釈尊より後の時代に考えられた多くの教理思想が含まれている）。

さらに、この三蔵のすべてに対して、西暦五、六世紀頃に、主としてスリランカにおいて膨大な

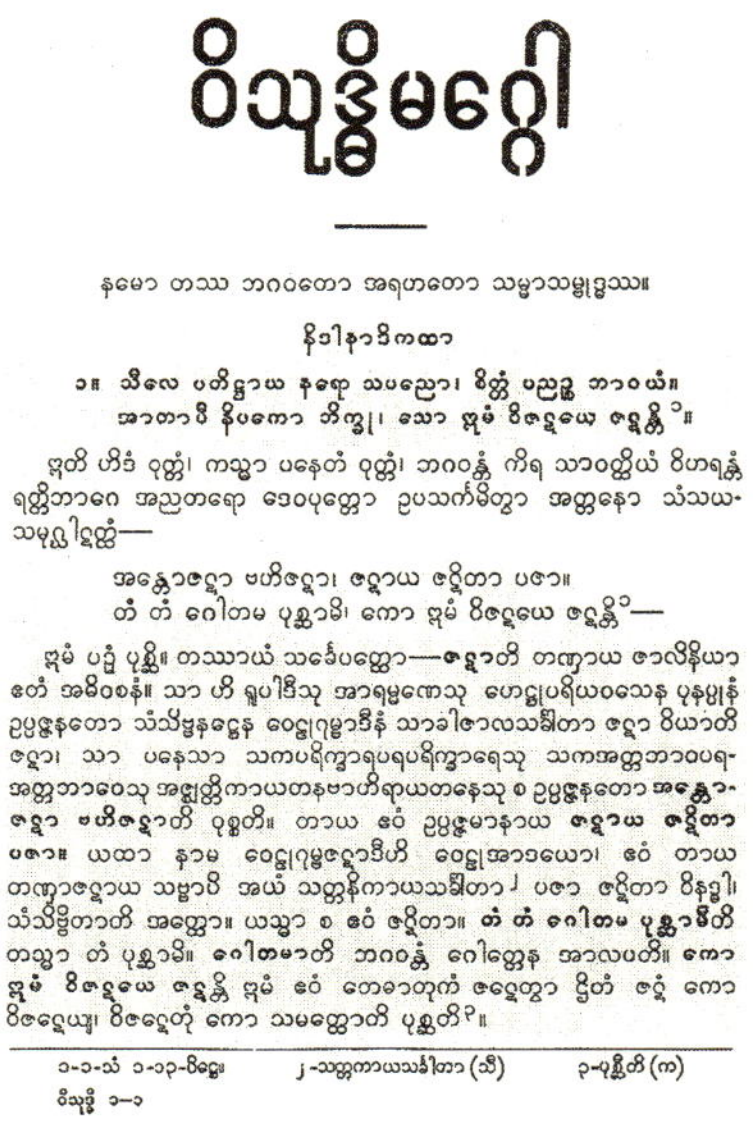

ビルマ文字版パーリ語原典

パーリ語の註釈書がつくられた。これは、すでにそれ以前からおもにインドで、一部はスリランカでつくられていた古い各種の註釈書（西暦一世紀末頃まで）に基づいて著わされたもので、アッタカター（註釈）と呼ばれた。また、アッタカターに対しては、さらにその註釈書がつくられ、これはティーカー（復註書）と呼ばれ、そのティーカーの一部に対して、さらにその註釈書のアヌティーカ（復々註）までもがつくられた例もある。その他、各種の仏教教理の綱要書、解説書、重要難解術語註解書、仏教や王朝の歴史書などが、主要なる上座仏教国でパーリ語によって書き遺された。しかし、これら三蔵以外のパーリ語文献はすべて「蔵外文献」と呼ばれ、三蔵聖典とは峻別されている。

なお、右のようなパーリ蔵外文献以外にも、後代になってそれぞれの上座仏教国において、それぞれの国の言語によって多くの仏教典籍やパーリ文献からの翻訳書などが著わされ、その全体はこれまた膨大なものとなっているのである。

さて、『ミリンダ王の問い』の原典自身は、パーリ語文献史上、通常は『ペータコーパデーシ

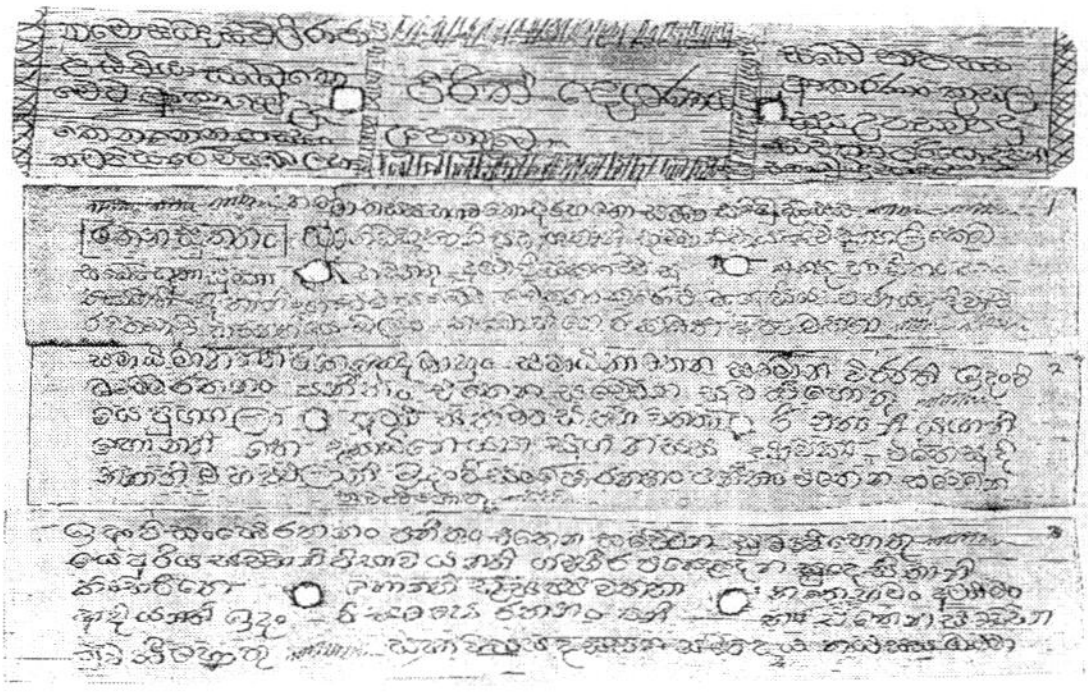

シンハラ文字（スリランカ）の貝葉写本

ャ』（蔵釈）および『ネッティパカラナ』（導論）という他の二種類の論書とともに、三蔵とアッタカターの中間に位置づけられ、いわば「準聖典」（準三蔵）という扱いを受けている。その理由は、もともと右の三書はいずれも南方上座部以外の他の部派において製作されたために、南方上座部の三蔵の中に入れられなかったということである。しかしながら、その内容はいずれもたいへん優れたものであったので、やがて南方上座部の採用するところとなり、三蔵に準ずるものという評価と地位が与えられるようになったわけである。ただし後代になって、ミャンマーにおいては、『ミリンダ王の問い』は堂々と三蔵の中に収められるようになって、今日にいたっている。

原典の構成

『ミリンダ王の問い』のパーリ語原典は、他のすべての経典類と同様に、主要なる上座仏教国において、それぞれの国の文字で書き表されたテキストが、かつて長い間、手書きの写本として伝わっていた。

それは「貝葉《ばいよう》写本」と呼ばれるもので、椰子《やし》の葉の表面をよく鞣《なめ》して短冊形に切り揃えたものの両面に、鉄筆で文字を刻みつけた上に墨を流してその文字を少しでも鮮明に読みやすくして束ねただけの写本である。この地域ではかつては紙は生産されず、このような筆写素材しか手近かに入手できなかったためであろうが、この貝葉写本は破損しやすく、また文字がすぐ不鮮明となり、文献保存上は問題の多い欠陥品であった。

それはともかくとして、『ミリンダ王の問い』のテキストは、近代になってそれぞれの国で紙が自由に使えるようになり、それぞれの活字本として次第に印刷出版されるようになった。しかし、これらの各国の文字で書かれた原典とは別に、トレンクナーという人によって、ローマ字で表した校訂版がつくられ、それが一八八〇年にロンドンで初めて出版された。それ以降、このローマ字本が国際的標準版として世界的に広く普及するようになった。そこでスリランカ、タイ、ミャンマーなどの国のテキストとこのローマ字本とを比較してみると、タイ本だけが際立って増広されていて、後世の追加挿入の部分が非常に多いが、他の三本には大きな相違は見られない。いずれにしても本書においては、パーリ原典に関しては右のトレンクナー本を使用している。

『ミリンダ王の問い』の原典は、基本的に「第一部　序話」以下「第七部　結語」にいたるまでの七部によって構成されている。しかし、そのうちの第三部までが次の節で説明する漢訳本と相応していることから、この「前分」だけが本来のテキストの内容であり、第四部以下の「後分」は後代の付加であると考えられている。したがって本書では、この本来の内容である「前分」を主として取り上げている。

この原典は、右に述べたように、一方ではテキストそのものが付加増補されて伝えられてきたが、他方では後代の他のパーリ文献の中に数多く引用言及されている。例えば、すでに説明したアッタカター文献（三蔵の直接の註釈書と『清浄道論』）では、全体で延べ三十数ヵ所にわたって『ミリンダ王の問い』の二十四ヵ所の文章が引用言及されている。また一方では、この原典自身に対して後にその註釈書（ティーカー）が製作された。それは十三世紀中頃から十五世紀にかけてのある時期、スリランカにおいて大三蔵師チューラバヤ長老という人によって著わされたとされるもので、『マドゥラッタ＝パカーシニー』と呼ばれた。

このような、本経典に対する後代の付加増補、他書における多くの引用言及、註釈書の製作という諸事実は、すべて本経典が非常に優れた内容を持ち、上座仏教において大いに尊重され活用されたことを雄弁に物語るものと言えるだろう。そしてこのことはまた、本経典が多くの国の言語に翻訳され、よく読まれているという次の事実によっても証明されるものであろう。

翻訳　上座仏教国における『ミリンダ王の問い』のパーリ原典の現地語訳としては、まず、十八世紀にスマンガラ長老という人によってシンハラ語（スリランカ語）訳が著わされ、一九九二年には、ミャンマーでビルマ語訳が政府宗教省出版局から、パーリ三蔵の翻訳シリーズ中の一冊として出版された。

一方、すでに述べたように、トレンクナーが上座仏教国のいずれの文字にもよらず、ヨーロッパ共通の文字であるローマ字によって本経典のテキストをイギリスで出版したことで、本経典はたちまちにして当時のヨーロッパの知識人の関心を呼ぶようになった。そしてその結果、いくつもの近代ヨーロッパ語の翻訳書が出版されるようになった。

まず、一八八一年に設立され、ローマ字版パーリ語原典、その英訳書、各種の辞典・索引、研究書、学術雑誌など数百点におよぶパーリ語・上座仏教関係の専門書を刊行し続け、今日にいたるまでこの分野の研究の一大中心となっている「パーリ文献協会」(イギリス－オックスフォード)の創立者で、有名なパーリ仏教学者であったリス＝デーヴィッズ教授によって、『ミリンダ王の問い』の最初の英訳書が一八九〇年にロンドンで出版された。

一九〇五年には、オットー＝シュラーデルによって初のドイツ語がベルリンで、さらに一九一九年には、スリランカで仏教僧となって生涯を送ったドイツ人のニャーナティローカ師によって、第二のドイツ語訳がライプツィヒにおいてそれぞれ刊行された。一九二三年には、フィノ教授によってフランス語訳がパリで出版された(ただし前半部分のみ)。

また、カニョーラ (G. Cagnola) という人によってイタリア語訳も出版されているということである。ついで一九六三年になって新しい英訳が、当時のパーリ文献協会会長、ホーナー博士によってロンドンで出版された。

日本語訳についてであるが、これには合計三種類の訳書が現在までに刊行されている。第一は、大正七年に山上曹源が訳出した『国訳弥蘭陀王問経』（『国訳大蔵経』第十二巻、ただしこれはリス＝デーヴィッズの英訳からの邦訳）がある。第二は、金森西俊訳の『弥蘭王問経』二巻（『南伝大蔵経』第五十九巻上下、昭和十四―十五年）で、第三は、中村元・早島鏡正訳『ミリンダ王の問い――インドとギリシアの対決』三巻（『東洋文庫』7・15・28、平凡社、昭和三十八―三十九年）である。

このように、過去一世紀あまりの間に『ミリンダ王の問い』のパーリ原典は、近代ヨーロッパの主要言語である英・独・仏・伊の四ヵ国語に六回にわたって翻訳され、またわが国においても三種の訳書が刊行された。このことは、本経典の重要性と内容の優秀さをよく示していると言えよう。そしてこれらの訳業を通して、この経典が国の内外において多くの現代人にも親まれていることは言うまでもないことである。

三 漢訳『那先比丘経』

現存テキストの種類

古典中国語（漢文）に翻訳された『ミリンダ王の問い』のあるテキストは、『那先比丘経《なせんびくきょう》』と呼ばれ、内容の多少相違するものが、現在二種類残っている。ただしその翻訳者の名前はまったく知られていない。二種類のうちの一つは二巻の構成で、他の本は三巻である。両者は、元来は同一の翻訳経典であり、三巻本のほうがより完全なもので、二巻本のほうは中央の部分が欠けていたり、文脈に混乱があったりしている。どちらの本にも、訳出後の中国人の加筆改変が多かれ少なかれ見られるが、しかし二巻本のほうがより少なくて原型に近い。パーリ原典と比較対照すると、『那先比丘経』は、すでに述べたとおりパーリ本の前半部分に対応するだけであって、後半部分に相応するものはまったく存在しない。この事実は、パーリ本の後半部分が後代における上座部内での付加増広であることを証明している。

翻訳の年代と場所

長い間、右の漢訳経典は中国の東晋時代（三一七—四二〇）に翻訳されたものと考えられてきたが、近年における厳密な研究の結果、その翻訳年代はさ

No.1670（A）

那先比丘經卷上

失譯人名附東晉錄

佛在舍衛國祇樹給孤獨園。時諸比丘僧比丘尼優婆塞優婆夷。諸天大臣長者人民。及事九十六種道者。凡萬餘人。日於佛前聽經。佛自念。人衆日多身不得安。佛意欲捨人衆去。入山至閑避處坐思念道。佛即捨人衆去。入山至衆樹間。其樹大有神。佛坐其下思念道。去樹不遠有群象五六百頭。中有象王賢善知禁惡之事。譬如人狀。象皆衆多周匝象王邊。諸小象走居前水中。走戲捖撓水令濁惡。諸小象復走居前食噉美草。走戲蹈踐其上。我衆大多患。是諸象及小象子。捖撓水令濁惡令草不淨。而反常飲濁惡水。食足蹈之草。象王自念。我欲棄是諸象去。至一避處快耶。象王即棄諸象而去。轉行入山到頭羅藥樹間。象王見佛坐樹下。心大歡喜。即前到佛所。低頭屈膝爲佛作禮。卻在一面住。佛自念。我棄衆人來在是樹間。象王亦棄衆象來到是樹間。其義適同。佛爲象王說經言。佛於人中最尊。象王於象中最尊。佛言我心與象王心適相中。今我與象王俱樂是樹間。象王聽經心意即開解知佛意。象王即視佛所彷徉經行處。以鼻取水灑地。以鼻撈草掃地。以足蹈地令平好。象王日。朝暮承事佛如是。佛久後般泥洹去。象王不知佛所在。爲周旋行求索佛不得。便啼哭涙出愁憂不樂不能食飲。時國中有佛寺舍。在山上名加羅洹寺。中有五百沙門常止其中。皆已得阿羅漢道。常以月八日十四日十五日二十三日二十九日三十日。常以是日誦經。至明時象王亦在山上止於寺中。象王知有六日誦經。至其日當行入寺中聽經。諸沙門知象王意欲聽經。欲誦經時須象王來。乃誦經。象王聽經。至明不睡不臥不動不搖。象王數聞經承事佛故。後象王以壽命盡死。死後便化爲人作子生婆羅門家。以後年長大不聞佛經亦不見沙門。便棄家去入深山學異道。在山上止。近比亦有一婆羅門道人俱在山上。相與往來共爲知識。其一人自念言。我不能於世間懸憂苦老病。死後當入地獄畜生餓鬼貧窮中。用是故我欲剃頭鬚披袈裟。欲求羅漢泥洹道。其有一人自念言。我願欲求作國王得自在。令天下人民隨我教令如是。久後二人各命盡。俱生世間作人。其一人前求作國王者。生於海邊爲國王太子字彌蘭。其一人前世欲剃頭作沙門求羅漢泥洹者。生於天竺字陀獵與肉袈裟俱生其家。有一大象同日生。天竺名象爲那。父母便字爲那先。年十五六。那先有舅父字樓漢。學道作沙門大高才世間無比。已得阿羅漢道。能出無間入無孔。自在變化無所不作。天上天下人民及蜎蜚蠕動之類。心所念皆豫知之。生所從來死趣何道。那先至舅父所自說言。我喜佛道欲作沙門爲舅父作弟子。寧可持我作沙門。樓漢哀

漢訳『那先比丘経』
二巻本の冒頭部分

らに古く、早ければ後漢時代（二五—二二〇）の後半か、遅くても三国時代（二二一—二八〇）と考えられるようになった。

その理由として次の三点があげられる。

㈠　一般に時代によって相違が見られる仏教術語の翻訳語が、この場合には極めて古く、かつ稚拙で難解である。

㈡　原典の韻文部分が散文として訳されている（これは最古の訳経類だけに見られる現象）。

㈢　インド西北諸地方に対する後漢時代（ただしそれ以後でも使用されてはいる）の呼称である「大秦」という語が使われている。

ちなみに、後漢時代とはインドの仏教が中央アジアを経由、あるいはインドからいったん中央アジアの諸地域に定着し、さらにそこから中国に初めて伝わった時代であった。例えば、安息国（パルティア）出身の安世高が、当時の中国の都、洛陽（現在の河南省洛陽市）に来て、初めて仏典を翻訳したのは二世紀の中頃のことだった。

いずれにせよ、『那先比丘経』はこのような中国仏教の最初期の時代にすでに翻訳されていたわけである。しかしその翻訳の場所は、洛陽とか長安（現在の陝西《せんせい》省西安市）といった中国歴代の都となった中心地や、江南の文化中心地などではなく、広大な中国大陸のどこかの辺地僻地であって、仏教がいまだ十分に伝播していなかったような土地だったであろうと推測されている。その理由としては、本経典の存在は中国仏教史の初期の時代には中央の仏教界に知られていなかったという点が指摘されているからである。

そのうえ、近代以前の中国や日本では、本経はあまり読まれることがなかったようで、かつての中国、日本の経論中に本経が引用言及された例はほとんどない。それは、一つには、やはり本訳経の文脈や文言に欠漏があって不完全なうえに、訳文訳語そのものが生硬難解で、原文の意味を正しく伝え得るようなこなれた文体ではなかったこと、さらにもう一つは、大乗仏教一辺倒となった中国や日本においては、「小乗経典」としてかつては軽視される傾向にあったということがあげられるだろう。この点は、大いに親しまれ、よく読まれた南方上座部系のパーリ原典の場合とは、いささか異なるところである。

四　説一切有部系のテキスト

二種の引用例

インドにおいて、南方上座部以外の部派教団の中にも、『ミリンダ王の問い』を伝持していた教団があったことは、すでに説明したように、そもそも本経典は他の部派から南方上座部に移入されたものであったということからも十分に理解できる。しかしその場合、どの部派から南方上座部に移入されたのかという点については、まったく不明のままである。しかしながら、少なくとも説一切有部系のテキストがかつて存在したことは確認されている。説一切有部とは、最終的に十八ないしは二十に分派した「部派仏教」の教団の中で、最大最有力の部派とみなされ、西北インドを中心に、西暦紀元前後頃に大乗仏教が興起した、それ以前もそれ以後も、長くインド本土で繁栄し続けたと考えられている。

この部派の文献は、その一部がサンスクリット語の原典として残っているが、大部分は漢訳あるいはチベット語訳の仏典として現存している。

その中で、仏教の基本的教理思想を体系立てて簡潔にまとめた、一種の「仏教概論」として名高い『倶舎論』(サンスクリット原典のほかに、漢訳が二種類とチベット訳とが現存する)には、『ミリン

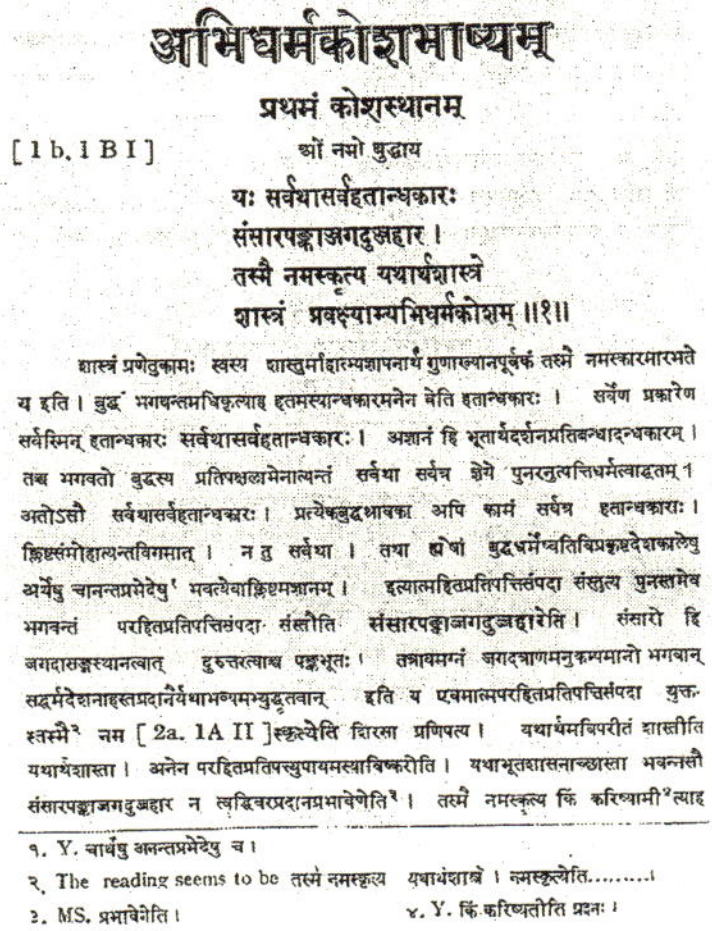

अभिधर्मकोशभाष्यम्

प्रथमं कोशस्थानम्

[1b. 1 B I]　ओं नमो बुद्धाय

यः सर्वथासर्वहतान्धकारः
संसारपङ्काज्जगदुज्जहार ।
तस्मै नमस्कृत्य यथार्थशास्त्रे
शास्त्रं प्रवक्ष्याम्यभिधर्मकोशम् ॥१॥

शास्त्रं प्रणेतुकामः स्वस्य शास्तुर्माहात्म्यज्ञापनार्थं गुणाख्यानपूर्वकं तस्मै नमस्कारमारभते य इति । बुद्धं भगवन्तमधिकृत्याह हतमस्यान्धकारमनेनेति हतान्धकारः । सर्वेण प्रकारेण सर्वस्मिन् हतान्धकारः सर्वथासर्वहतान्धकारः । अज्ञानं हि भूतार्थदर्शनप्रतिबन्धादन्धकारम् । तच्च भगवतो बुद्धस्य प्रतिपक्षलाभेनात्यन्तं सर्वथा सर्वत्र ज्ञेये पुनरनुत्पत्तिधर्मत्वाद्धतम् । अतोऽसौ सर्वथासर्वहतान्धकारः । प्रत्येकबुद्धश्रावका अपि कामं सर्वत्र हतान्धकाराः । क्लिष्टसंमोहात्यन्तविगमात् । न तु सर्वथा । तथा ह्येषां बुद्धधर्मेष्वतिविप्रकृष्टदेशकालेषु अर्थेषु चानन्तप्रभेदेषु[1] भवत्येवाक्लिष्टमज्ञानम् । इत्यात्महितप्रतिपत्तिसंपदा संस्तुत्य पुनस्तमेव भगवन्तं परहितप्रतिपत्तिसंपदा संस्तौति संसारपङ्काज्जगदुज्जहारेति । संसारो हि जगदासङ्गस्थानत्वात् दुरुत्तरत्वाच्च पङ्कभूतः । तत्रायमग्नं जगदत्राणमनुकम्पमानो भगवान् सद्धर्मदेशनाहस्तप्रदानैर्यथाभव्यमभ्युद्धृतवान् इति य एवमात्मपरहितप्रतिपत्तिसंपदा युक्तस्तस्मै[2] नम [2a. 1A II]स्कृत्येति शिरसा प्रणिपत्य । यथार्थमविपरीतं शास्तीति यथार्थशास्ता । अनेन परहितप्रतिपत्त्युपायमस्याविष्करोति । यथाभूतशासनाच्छास्ता भवन्नसौ संसारपङ्काज्जगदुज्जहार न त्वृद्धिवरप्रदानप्रभावेणेति[3] । तस्मै नमस्कृत्य किं करिष्यामी[4]त्याह

१. Y. चार्थेषु अनन्तप्रभेदेषु च ।
२. The reading seems to be तस्मै नमस्कृत्य यथार्थशास्त्रे । नमस्कृत्येति.........।
३. MS. प्रभावेनेति ।　४. Y. किं करिष्यतीति प्रश्नः ।

『ミリンダ王の問い』を引用している『倶舎論』のサンスクリット原典

ダ王の問い』の一節が引用されている。ただしその内容は、現存のパーリ原本、漢訳本のいずれにもまったく見られないものである。

同じく有部系に属するとみられている『雑宝蔵経』という漢訳経典にも、ミリンダ王（ただし名前は少し違う）とナーガセーナ長老の間にかわされた対話に基づく一つの説話が出てくる。しかしこの内容も、現在のパーリ原本や漢訳本の内容とくらべた場合、一致相応する部分もあるが、相違する部分も多く見られるのである。

右のような二つの事例によって、説一切有部にも『ミリンダ王の問い』のある種のテキストが伝承されていたが、その内容は、現今のパーリ原典や漢訳本とは必ずしも同一ではなかった、ということがわかるであろう。

つまり、この有部系のテキストは南方上座部に移入され、パーリ語の『ミリンダ王の問い』のもととなったテキスト自身とは直接的に関係があったものではないと考えられる。しかしながら、少なくとも右の事例によって、『ミリンダ王の問い』という経典がインドにおける複数の部派の間に広く普及し、伝承されていたことだけは確かめられるだろう。

まとめ

　本章において、さまざまな角度から『ミリンダ王の問い』について説明してきたことを最後にまとめて図解してみよう。それはとりもなおさず、本経典の成立と発達形成の過程を図で示すことであり、およそ次頁のようになるだろう。

　図をあらためて概観すると、紀元前二世紀中頃に西北インドの一都市、サーガラで行われたミリンダ王とナーガセーナ長老の真剣な「仏教問答」が、その後二千百年以上もの長い長い歴史の間に、実にさまざまな文献的形態と経緯を経て、多くの人々の努力によってグローバルな大展開をして今日にいたっているという事実がよく理解できるだろう。

　言い換えれば、それは『ミリンダ王の問い』という優れた文化遺産の描いた、国際文化交流史上の壮大なる大パノラマなのである。

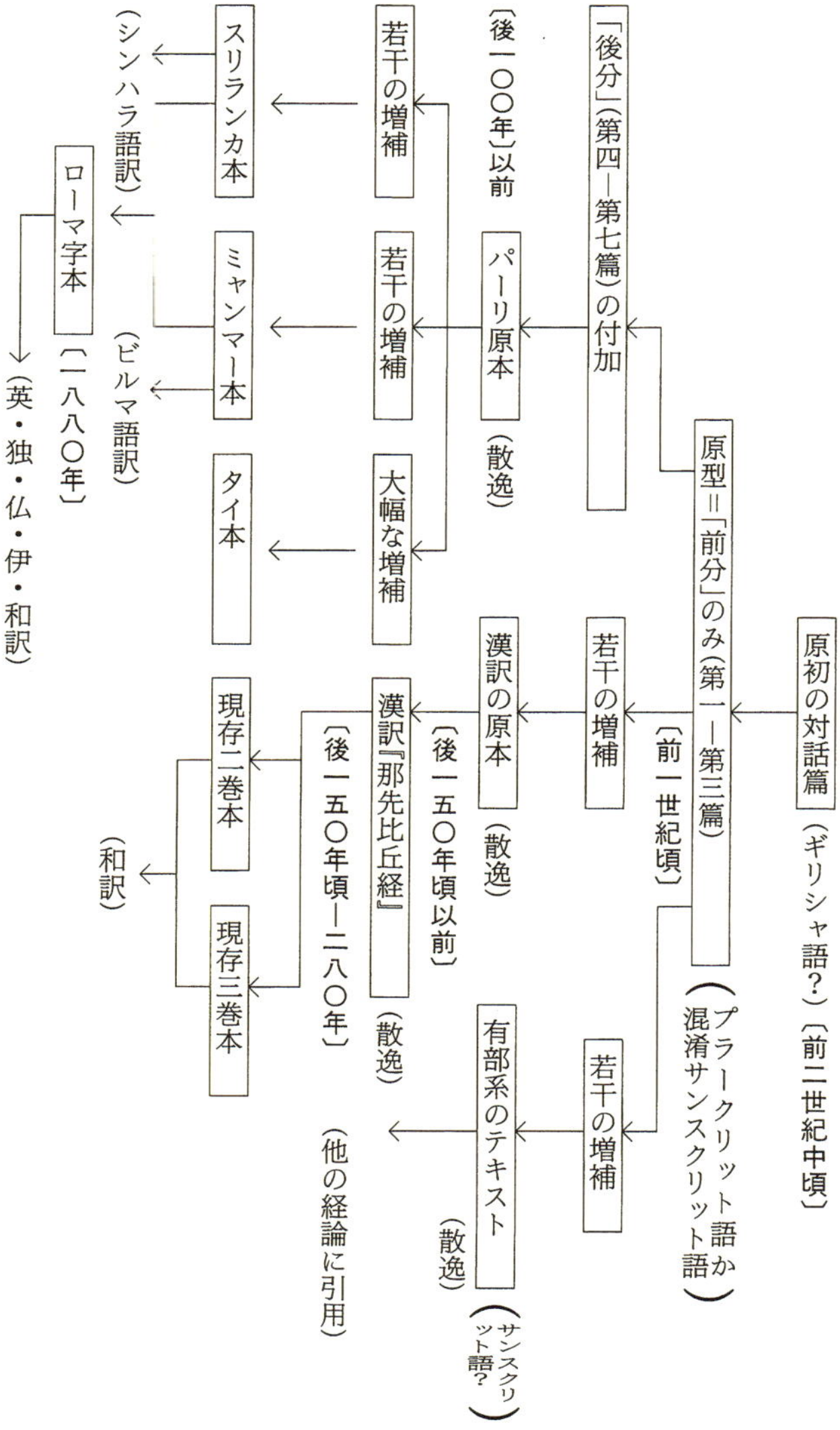
原初の対話篇
（ギリシャ語？）〔前二世紀中頃〕
原型＝「前分」のみ（第一―第三篇）
（プラークリット語か混淆サンスクリット語）
〔前一世紀頃〕
「後分」（第四―第七篇）の付加
〔後一〇〇年〕以前
若干の増補
パーリ原本
（散逸）
漢訳の原本
（散逸）
若干の増補
有部系のテキスト
（散逸）
（サンスクリット語？）
若干の増補
若干の増補
大幅な増補
漢訳『那先比丘経』
〔後一五〇年頃以前〕
（散逸）
〔後一五〇年頃―二八〇年〕
（他の経論に引用）
スリランカ本
ミャンマー本
タイ本
現存二巻本
現存三巻本
（シンハラ語訳）
（ビルマ語訳）
（和訳）
ローマ字本
〔一八八〇年〕
（英・独・仏・伊・和訳）

III 思想篇

本篇では、『ミリンダ王の問い』に記されるミリンダ王とナーガセーナ長老との対論を紹介するのが主目的である。対論を詳細に紹介した類書がすでに発表されており、また、紙幅に制限があるために、本篇では取り扱うテーマを無我や業、輪廻の問題に限定した。これは『ミリンダ王の問い』の中心テーマであるばかりでなく、仏教の中心テーマでもある。また本篇では、取り上げる資料を『ミリンダ王の問い』だけに限定せず、随時に原始経典などを援用して、さらに論究を広め深めていきたい。業や輪廻などのテーマは、とかく世に誤解を受けやすいテーマであり、それについて中途半端な取り扱いは許されないと考えるからである。

対論の訳出にあたっては中村元、早島鏡正訳『ミリンダ王の問い』(平凡社)を参照した。また、引用文の末尾のカッコ内のページ数は特記のない限り、トレンクナーのローマ字版原典のページを示している。

一 無我の思想

討論の場に臨んで、ミリンダ王はまずナーガセーナ長老の名前と年齢を尋ねるが、そこでただちに、「人格の主体は何か」という討論になっていく。

人格の主体（我）の否定

現代の私たちも、何らかのかたちで人格の主体となるものが存在すると、漠然とであるが考えているのではないだろうか。

ミリンダ王が「内なる生命」を人格の主体と考えていたことが、王の言葉からわかる。

「尊者よ、内にある生命なるものが、眼によって色と形を見、耳によって音を聞き、鼻によって香りをかぎ、舌によって味を味わい、身体によって触れられるものに触れ、意によって事象を認識するのです」

ミリンダ王は、私たちからは常識的といえる見解の持ち主のようである。その王が尋ねる。

「尊師はどのように知られているのですか。尊師よ、あなたはなんという名前ですか」

「大王よ、わたしはナーガセーナとして知られています。大王よ、同朋である修行者たちは私をナーガセーナと呼んでいます。また父母は私にナーガセーナとか、スーラセーナとか、シーハセーナとかいう名前をつけています。しかしながら、大王よ、この「ナーガセーナ」というのは、実は名称、呼称、仮名、通称、名前のみにすぎないのです。そこに人格的主体（我）は認められないのです」（25頁）

ナーガセーナ長老の答えは、ミリンダ王が予想した答えであったかもしれない。王はその場にいた人たちに確認させる。

「五百人のギリシア人よ、ならびに八万の出家の修行者たちよ、聞いたであろう。長老は確かに言ったぞ、『人格的主体は存在しない』と」（25頁）

ミリンダ王の弁論術はなかなか堂に入っている。

ではこのミリンダ王の問いにおいて対論の対象になる「我」とはどのようなものであるのか。二人の議論の成りゆきをみるためには、それをはじめに明確にしておかなければならないであろう。

「我」とは何か

原始経典の中には、否定される「我」とはいかなるものかを定義するような記述は見られない。「無我」の言葉で何が否定されているかは文脈で判断するしかないが、研究者の間で、若干の見解の相違がある。それが定義されるようになるのは後世の部派仏教の時代になってからである。パーリ仏教の場合、それはパーリ註釈文献においてである。この『ミリンダ王の問い』において論究される「我」は、思想的に註釈文献のそれと同じものと考えてよい。ここではブッダゴーサの『清浄道論』(Visuddhimagga) の説明をみてみよう。

ブッダゴーサはパーリ仏教の中で最大の註釈家で、多くの註釈文献を著している。彼の『清浄道論』はパーリ仏教の中で最も重要な書物の一つである。ブッダゴーサは無我の意味として、㈠無実体の意味、㈡非自在の意味、の二つをあげている。以下の説明にその両方が現れている。

「すべては無実体の意味によって無我である。無実体の意味によってとは、「我」「住む者」「行う者(作者)」「受ける者(受者)」「自らの主体者」と、このように考えられた「我」の実体が存在しないことによる。無常であるものは苦である。自らが無常であることを、あるいは生滅に逼

悩されることを防ぐことはできない。このような者のどこに「行う者（作者）」などのあり方があろう』（『清浄道論』610頁）

「無我」によって否定されるものが、不変の実体と自由な主体者であることが知られる。

ミリンダ王がその存在を主張する「我」と、ナーガセーナ長老が否定する「我」とは同じ性質のもの、すなわちそれは「それ自身だけで存在する本体」という意味の「実体」であることが知られる。同じものであってはじめて、二人の討論が成立する。

インド－ブッダガヤ（釈尊成道の地）の大塔／仏教の「無我説」はここからはじまる。

無我論の難点

ミリンダ王は議論と反対論とをもって質問を発し、多くの出家の修行者を悩ましてきた、と伝えられている。仏教徒との討論にもなれていたに違いない。ミリンダ王は仏教徒が無我を説くことはすでに承知していたであろう。また、無我論が内包している難点を知悉していたに違いない。王はすかさずその難点を列挙するが、それはおそらくは、今まで幾度となく仏教徒を沈黙させてきた論法であったであろう。王は尋ねる。

「尊者ナーガセーナよ、もし人格的主体が認められないならば、そのとき、あなたに、衣服・飲食物・寝具と座具・病中に役立つ薬の［四つの］必需品を与えるのは誰ですか。それをもらって使用するのは誰ですか。戒律を護るのは誰ですか。修行に励むのは誰ですか。修行道の結実たる涅槃をさとるのは誰ですか。殺生をなすのは誰ですか。与えられないものを盗みとるのは誰ですか。諸欲において邪な行いをなすのは誰ですか。虚言を言うのは誰ですか。酒を飲むのは誰ですか。［アヴィーチ地獄におちる］五つの重い罪を犯すものは誰ですか。したがって、善なく、不善なく、善・不善の行為をなす者なく、またなさしめる者なく、善くなされた、悪しくなされた行為の結果たる報いもないのです。尊者ナーガセーナよ、もしあなたを殺す者があっても、その者には殺生［の罪］はないのです。尊者ナーガセーナよ、あなたには［戒を授けるところの］師主なく、教授なく、完備せる戒もない」（25－26頁）

王の列挙する難点を整理してみよう。

㈠　善悪の行為（業）の主体者は誰か。
㈡　善悪の行為の果報を受ける者は誰か。

この二つの中に無我論の困難のすべてが包摂されるであろう。行為には認識の問題、記憶の問題がともない、行為の果報は倫理の問題と直結し、輪廻の主体の問題につながる。王が指摘したこれらの難点をめぐって、対論が展開されていく。

ナーガセーナと呼ばれる人格的主体は存在しないと言われ、王は尋ねる。

「『ナーガセーナ』と呼ばれるものは、いったい何ですか。あなたの髪の毛がナーガセーナなのですか」

「大王よ、そうではありません」（26頁）

ミリンダ王は体毛や爪などの身体の各部について同様な質問を繰り返す。ナーガセーナの答えは同じである。

五蘊

さらにミリンダ王は、「五つの構成要素の集まり」の一つ一つについても、同じ質問をナーガセーナ長老に対して繰り返す。

「尊者よ、物質［的存在］がナーガセーナなのですか」

「大王よ、そうではありません」

「尊者よ、感受作用がナーガセーナなのですか」

「大王よ、そうではありません」
「尊者よ、表象作用がナーガセーナなのですか」
「大王よ、そうではありません」
「尊者よ、形成作用がナーガセーナなのですか」
「大王よ、そうではありません」
「尊者よ、認識作用がナーガセーナなのですか」
「大王よ、そうではありません」(26頁)

人間は五つの構成要素からなっている、と仏教は説く。物質的要素、感受作用、表象作用、形成作用、認識作用の五つである。

この五つは、仏教の術語では「五蘊《ごうん》」と呼ばれる。「蘊《うん》」はパーリ語ではカンダ(khandha)と言い、「集まり」を意味する。物質的要素はパーリ語ではルーパ(rūpa)と言い、漢訳経典では「色《しき》」と訳されている。肉体を構成している物質と五感の対象となる物質的要素とを指す。感受作用(受《じゅ》)、表象作用(想《そう》)、形成作用(行《ぎょう》)、認識作用(識《しき》)の四つは人の精神的作用を表す。人間の存在を分析すれば、この五種類の構成要素に還元され、そのいずれの中にも「我」とみなされるような人格的主体は存在しない、と主張する。

目の前にナーガセーナがいるにもかかわらず、この問答の帰結は「ナーガセーナはどこにも存在しない」ということになる。

「尊者よ、私はあなたに何度も尋ねてみたのに、ナーガセーナを見いだしえない。尊者よ、ナーガセーナとは実は言葉にすぎないのですか。それではそこにいるナーガセーナとは何者なのですか。尊者よ、あなたは『ナーガセーナは存在しない』と言って、真実ならざる虚言を語ったのです」（26頁）

「あなたは虚言を言っている」と、ミリンダ王はナーガセーナを非難する。

車のたとえ

ナーガセーナ長老は、ミリンダ王が対論の会場へ車でやってきたということを聞いて、車とは何か、と反対に尋ねる。

「大王よ、もしもあなたが車でやってきたのであるなら、何が車であるかをわたしに告げてください。大王よ、ながえ（轅）が車なのですか」

「尊者よ、そうではありません」

「軸が車なのですか」

「尊者よ、そうではありません」（27頁）

車体が車か、車棒が車か、軛《くびき》が車か、輻が車か、と車を構成する部分を列挙し、王にそのいずれもが「車ではない」と答えさせる。そして「車はどこにも存在しない」という帰結に誘導する。

「大王よ、私はあなたに何度も尋ねてみましたが、車を見いだすことができませんでした。大王よ、車とは言葉にすぎないのでしょうか。ではそこにある車は何ものなのですか。大王よ、あなたは『車は存在しない』と言って、真実ならざる虚言を語ったのです」（27頁）

「インド第一の王と言われるあなたは何を恐れて虚言を語るのか」と、ナーガセーナ長老は責めたて、一転、その場の聴衆に向かって呼びかける。

「五百人のギリシャ人諸君、ならびに八万の出家の修行者たちよ、私の言葉を聞いてください。このミリンダ王は確かに言いました、『私は車でやってきたのです』と。また『何が車か、私に教えてください』と言われたとき、『車は認められない』と」（27頁）

このあたりの呼吸は、長老も負けてはいない。ナーガセーナの逆襲を受け、ミリンダ王は一瞬、答えに窮したのであろうか。聴衆であったギリシャ人たちが「いまこそ大王よ、できるなら語りなさい」と王に答えをうながしている。王は答える。

「尊者ナーガセーナよ、私は虚言を語っているのではありません。ながえによって、軸によって、車輪によって、車体によって、車棒によって、車と言う名称・呼称・仮の名・通称・名前が起こるのです」

「大王よ、あなたは車を正しく理解されました。大王よ、それと同様に、私にとっても、髪によって、体毛によって……乃至……脳によって、物質〔的存在〕によって、感受作用によって、表象作用によって、形成作用によって、認識作用によって、『ナーガセーナ』という名称・呼称・仮の名・通称・単なる名前が起こるのです」(27－28頁)

「無我」は論理以前の前提

人を「有我」と見るか「無我」と見るかは、人間の本質をどのように見るかを語っている。人間の本質は、我(アートマン)であるか、身体であるか、この二つしかない。死によって人間は消滅すると見れば、人間の本質は身体(物質)であり、消滅せずに輪廻すると見るなら、その本質は我である。我と見れば有我論であり、身体と見れば唯物論になる。人間の本質を我とみなせば、我と身体との結合した状態が輪廻であり、身体を離れた状態が解脱となる。また人間の本質を身体とみなせば、人間は身体が生まれるときに始まり、身体が死ぬときに終わる。輪廻も解脱も否定される。

仏教の「無我」は「我」を否定しながら、唯物論にも陥っていない。後述するように「無我」は縁起を内実としている。

無我の思想は仏教の根本的な思想である。「無我」をめぐってさまざまな議論が繰り返されている。我が存在するか否か、「有我」であるか「無我」であるかは、論理的に論証することができない。それは理論以前の前提である。「有我」という前提に基づく論理は「無我」という前提を崩し去る力はない。理論がおよばないから「前提」である。我が存在すると見るか、我は存在しないと見るかは、主体的に選びとられたことである。選びとるには選びとるだけの理由がある。どれでもよいというものではなくて、これでなければならないという主体的要求から選びとられることである。その「前提」を正当化するものは「実践」以外にない。「前提」にしたがって実践し、救われたという「事実」が、その前提を「真理」たらしめる。

どちらを選ぶかは私たちの自由であろう。私たちがすべきことは、選びとる理由を明確に考察することである。自分の頭で思考することである。仏教はなぜに「無我」を選びとったか、この書がそれを少しでも明らかにできれば幸いである。

我執から生じる苦悩

私たちは、「自分というものは存在する」と考えている。私たちには、生まれてからずっと自我という概念は保護され、育まれてきた。ではその「自分」というものは一体何かと問われると、即座に明確に答えることは難しい。それを明確にしないで「我は存在する」と主張できないはずである。

私たちは次のように考えるかもしれない。すなわち、すべてのものは変化していく。私の存在もまたその変化の中にある。十年前の私と今の私とは、確かに同じではない。しかしそれでも私は私であることは事実である。それゆえ、いかに変化しようとも、私を私たらしめている何かが、その変化の根底にあるに違いない。変化の中にあって不変のその何かが私を私たらしめている「私」である、と。

ブッダは、そのような「私」は幻想にすぎないと言う。時間と空間との中にあって、時空より独立した「私」あるいは「我」あるいは「霊魂」などは存在しないと断言した。私たちがずっと心に描いている「私」というものは、ブッダによれば幻である。苦は誤った自我の認識によって起こってくる。独立した自我という誤った思想に執着し続ける精神的習慣が苦の根元である。「我」という思考の檻からぬけ出せば、私たちの心は自由になる、とブッタは言う。

我があると考えるところから多くの苦悩が生じてくる。私たちは経験からそのことを、程度の差はあるが知っている。自己のものという思いがあるから、得て喜び、失って嘆き、自己の欲望を否定するものに対して怒りが生じる。自分の肉体という思いがあるから美醜に心を悩ます。老病死は絶望の壁となる。

およそ、人の悩みは常住なるものに固執することから起こる。人が常住なるものを求め、また求めたものが常住であることを願うのは自然である。またこの願いがないならば、理想も、完成の喜びも、進歩もないことになるであろう。喜びや進歩を否定することはできない。否定すべきは、喜びや進歩を求めて成就したとしても、それを永遠なるものとして執着することである。執着すれば悩みが生じるばかりでなく、いつまでもそれに固執して、かえって進歩を阻害することになる。

さらに自己という思いには常に他との比較がつきまとう。私たちは他より優れていると考えて驕《おご》り高ぶり、あるいは驕りを謙譲の徳で装う。また他に劣っていると考えて卑下し、あるいは逆に虚勢をはり、また優れている者を恨む。しかし人の優劣は一つの尺度で計ったものにすぎず、尺度はいくつもあることに私たちは気づいている。さらにその優劣も永遠のものでなく、一時的な状態にすぎない。それもわかっているはずであるが、それでも人は優劣の差に苦悩する。私たちの行動を動機づける「自我」は、誤った欲望の産物である。この欲望からいかに多くの苦悩が生じることであろうか。

私たちは幸福は永続することを願うが、不幸は一日も早く幸福に転じることを願う。常住であるなら、不幸が幸福に転じることも不可能になる。幸福は永続し、不幸は変化せよというのは、文字どおりエゴイスティックな欲望というべきであろう。不幸が幸福に転じうるなら、幸福も不幸に転じうる。万物は常に動いている。そこにはいかなる停滞した実体も存在しない。

人はあるいは言うであろう、我が存在するのは事実である、現に私が食べ、飲み、考え、眠るのは疑いのない事実であるから、と。

現象としての「我」

仏教は「我」という現象を否定するのではない。「我」という実体を否定するのである。「車のたとえ」を思い出してみよう。車体や車軸など部品が集まって車がかたちづくられているように、髪や毛といったさまざまな部分が集まって人がかたちづくられている、とナーガセーナ長老は説いていた。研究者の中にはナーガセーナの答えに疑問を示す人もいる。人は物質的要素だけでなく、精神的要素をも含んでいる。物質的要素の集合のみで無我を説明するのは乱暴な論法である、と。しかし車と人との類似性は事実である。この「車のたとえ」は、人とは複合されたものであるという事実を明らかにしている。車という現象は存在するが、車という実体は存在しない。同様に、人という現象は存在するが、人という実体は存在しない。現象は縁によって現出してくる。部品が集まり、人の労力が集まって車という現象が現れるように、さまざまな物質的また精神的な構成要素が集まって、人という現象が現れる。車は人を乗せ、荷物を運ぶであろう。人は食べ、飲み、考え、眠るであろう。それも現象である。仏教はこの現象までも否定するのではない。現象は存在する。

しかし現象を取り除いてしまえば、あとに何も残らない。現象の背後に現象を現象たらしめている何らかの不変な実体が存在するのではない。「我思う。故に我あり」は誤りである。「我思う」とき、思うという現象があるだけである。

諸々の心理作用

人が自らの人格的主体を求めようとするとき、自らの身体にそれを求めることはまれであろう。主体があるとすればそれは自らの「心」にある、と多くの人は考えるであろう。仏教は「心」も人格的主体でないとする。「心」も「私」という現象の一部にすぎない。仏教は「私」として生じてくる精神的作用を分析する。「我」はさまざまな心理作用の主体者と想定されるが、仏教ではそれらの心理作用のみが存在すると説く。ナーガセーナ長老が説いている心理作用は次のようである。（　）内は漢訳語である。

感覚と意識、接触（触《しょく》）、感受（受《じゅ》）、表象（想《そう》）、意志（思《し》）、認識作用（識《しき》）、考察（尋《じん》）、省察（伺《し》）、記憶（念《ねん》）。

協同する心理作用

仏教の心理論の特徴の一つは、さまざまな心理作用の協同を説くことにある。例えば、静かな音楽を聴いているときに近くで騒いでいる人がおれば、音楽に対する愛好感と騒がしい人に対する嫌悪感とが同時に生じる。嫌悪感はその人に対する怒りを伴うこともある。人の心理は複雑であり、ある一瞬にさまざまな心理が生じていることは、私たちが経験することである。それはさまざまな心理作用が同時に生じているからであると、仏教は説明する。ナーガセーナ長老は認識作用に協同する次のような心理作用をあげている。

接触(触)

接触とは感覚器官と対象とが触れ合うことを言う。これが対象を認識する第一歩になる。「接触は触れることを特質とする」とナーガセーナ長老は説明している。

感受(受)

感覚器官と対象との接触からさまざまな心理的作用が生じてくるが、その中で原初的な作用が感受の作用である。生理的な反応と呼んでもよい。それは感受された事実そのままであり、肉体的そして精神的な快楽の感受と苦痛の感受と中庸の感受に大別される。「感受は感ずることを特質とし、また苦楽を享受することを特質とする」と長老は説明する。

表象(想)

表象は対象のすがたを心に映し出す作用であり、映し出された心像もまた表象である。目に見えた対象に対して、「これは赤でもなく、白でもなく、あるいは他の何らかの色でもなく、青である」と心に映し出す。心の中に映し出された像(心像)が正確か否かは識によって判断される。

現実の事物の世界は人にとって、永久に混沌の世界である。現実の事物には長も短も、大も小も、怨も親もない。あるのは混沌とした事物だけ、現象だけである。その中にあって人は事物界の一部として事物とともに存在しているにすぎない。人は事物と同化しているると言ってもよい。そこには主観と客観との分化も生じていない。しかし人が事物を感知し、それを心に映し出すとき、人は事物の世界と決別し、それと対立する。主客の分化が始まっている。心の取像作用により、混沌の世界が、青・黄、長・短、男・女、怨・親などとして人に顕出する。混沌の世界は想の作用によって人の内に取り入れられ、主観的秩序――それはいまだ知的思考の判断によるものでないが――が与えられる。この点に感受作用とは区別されるべき、一層精神的な想の作用が認められる。

意志（思）

意志は「このようにしてやろう」と意欲することである。仏教では業の本質は行動を起こそうとする意志とされる。実際に盗んでいなくても、「盗んでやろう」という意欲だけで、意業という心で行う業になる。逆に他人のものを取っても、そこに「盗んでやろう」という意志がない場合、それは盗みの業とみなされない。それは自分のものであると思い違いをしたか、自分のものと間違えて取ったかにすぎない。行為の原因となる意志を重視するのが仏教の業論の特質である。意志の活動（業）によって新たな自己の存在が形成されていく。それゆえ「意志は意志することを特質とし、また形成することを特質とする」とナーガセーナ長老は説明している。

認識作用（識）　原始経典に現れる心理説は、感覚器官と対象とが接触して認識作用が生じるというものである。感覚器官には眼、耳、鼻、舌、皮膚の触覚という五官のほかに、心（意）を加える。この六つを仏教の用語で「六根」と呼ぶ。対象も、眼に見える色とかたち、音、臭い、味、触れるもの、心で考えられるもの、という六種である。感覚器官とそれに対応する対象とが接触することにより、対応する見る、聞く、嗅ぐ、味わう、触る、知るという認識作用が生じてくる。「認識作用は了別することを特質とする」とナーガセーナ長老は説明している。

考察（尋）と省察（伺）　尋も伺も思考し考察する精神的作用である。両者が区別されるときは、尋は考察の初期の大まかな考察であり、伺はそれに続く詳細な考察である。「考察（尋）は安定を特質とする。……省察（伺）は継続的追思惟を特質とする」とナーガセーナ長老は説明している。

＊

心理作用の協同は後の部派仏教においてさまざまに研究され、複雑な理論が構築されている。ナーガセーナ長老の説くものはごく初期のものである。心理作用の協同という考え方の目的は、「我」に付託される諸々の作用が、「我」という統一者なしに、諸条件の重なりの中に生じてくる心理作用にすぎないことを示すことにある。後世、仏教においては心理作用（「心所《しんじょ》」と呼ばれる）の研究が大いに発展し、アビダルマ仏教においては、部派によってその数は異なるが、おおむね五十前後の心理作用が分析されるようになる。数多くの心理作用が同時に生じて協調し（仏教の用語では「倶生《くしょう》する」という）、人間のさまざまな活動を行うとされる。ナーガセーナの時代にどれだけの心理作用が分析されていたかは不明であるが、後世の発達した分析からみて、ナーガセーナが取り上げた心理作用は、人間の活動にとって根本的な心理作用であることがわかる。彼の説明は的確であり、理解しやすい。

記憶（念）　「我」に付託される作用の重要なものの一つに、記憶の作用がある。時間と空間との変化の中で不変の人格的統一者が存在しなければ、記憶という現象も成り立たないのではないか。ミリンダ王は尋ねる。

「尊者ナーガセーナよ、何によって久しい以前の過去になされたことを思い出すのですか」
「大王よ、記憶によってです」
「尊者ナーガセーナよ、心によって思い出すのであり、記憶によるのではないのでありませんか」
「大王よ、あなたは何かある仕事をしたあとで、それを忘れてしまったことがありませんか」

「尊者よ、そのとおりです」

「大王よ、そのときには、あなたには心がなかったのですか」

「尊者よ、そうではありません。そのときには、記憶が存しなかったのです」

「大王よ、それでは、何故にあなたは『心によって思い出すのであり、記憶によってではない』と言われるのですか」

「もっともです。尊者ナーガセーナよ」（77頁）

過去のことを記憶しているのは、人格的統一者が過去から現在にいたるまで存続しているからである、というのがミリンダ王の主張であろう。それに対して、ナーガセーナが反論して尋ねている。人格的統一者が存続しているなら、忘れるということがないはずである。あなたは物忘れをしたことがあるであろうが、そのときには人格的統一者が存在していなかったのか、と。物忘れを持ち出しているナーガセーナの反論は単純にみえるが、記憶喪失症という病気が現実にあることを思えば、単純ではすまされないであろう。

仏教は記憶も一種の心理作用であると考える。その心理作用は仏教では「念《ねん》」と呼ばれている。記憶があるというのは過去から今にいたるまで存続している何かがあるからであろう。しかし続いている何かがあるなら、忘れるということはないであろう。両方の言い分とも矛盾を含み、十全なものでない。現代の大脳生理学は記憶についても何らかの答えを用意しているであろう。ただ注意すべきは、「記憶」の問題を解決するために有我論が説かれ、無我論が説かれるのでない、ということである。

統覚する主体者の否定

原始経典に現れる心理説は、六種の感覚器官（六根《こん》）と六種の対象（六境）とが接触して六種の認識作用（六識）が生じるというものである。この心理説はもっとも単純なものであろう。ミリンダ王の問いは、これよりは多少こみいっている。王は尋ねる。

「尊者ナーガセーナよ、眼の認識作用（眼識《げんしき》）の生ずるところには、意の認識作用（意識《いしき》）もまた生ずるのですか」

「大王よ、そうです。眼の認識作用の生ずるところには、意の認識作用もまた生ずるのです」

「尊者ナーガセーナよ、はじめに眼の認識作用が生じ、後に意の認識作用もまた生ずるのですか。あるいははじめに意の認識作用が生じ、後に眼の認識作用もまた生ずるのですか」

「大王よ、はじめに眼の認識作用が生じ、後に意の認識作用もまた生ずるのです」（57頁）

この対論の内容は原始経典における心理論と微妙に異なっている。ミリンダ王の問いは、一見、統覚すなわち知覚表象および経験を総合統一する作用の存在を尋ねているようにみえる。人の五官、あるいは六官の前にはさまざまな対象が現れる。人はその対象を認識し、認識に対応した行動を起こす。さまざまな認識を統一する作用、すなわち「統覚」がなければ、人は統一のある行動をすることができないであろう。ミリンダ王の問いには、その「統覚」作用を尋ねているようにみえる。

原始経典においては「統覚」に相当する心理作用は考えられていない。後世のパーリ上座部の心理論においては統覚に相当するような作用が認められてくる。「速行心《そくぎょうしん》」と呼ばれる心の作用がそれである。しかしそれはあくまでも心理的現象の一つであり、心理作用の中心的存在でもなければ、人格の主体者でもない。人格的主体者が姿を変えて忍び込むことを厳しく排除している。

ところがミリンダ王の次の質問を見ると、王が心理作用としての統覚を尋ねていたのでないことがわかる。ミリンダ王はさらに尋ねる。

「尊者ナーガセーナよ、眼の認識作用（眼識）が意の認識作用（意識）に『私が生ずるところにあなたもまた生ぜよ』と命令するのですか。あるいは意の認識作用が眼の認識作用に『あなたの生ずるであろうところに私もまた生ずるであろう』と告げるのでしょうか」

「大王よ、そうではありません。これらの間に相互の相談はありません」

「尊者ナーガセーナよ、眼の認識作用が生ずるところには、どうして意の認識作用もまた生ずるのですか」

「大王よ、傾向と門と習慣と習熟とがあるからです」（57頁）

王は意の認識作用（意識）の中に心理作用の主体者、ひいては人格の主体者を求めているのである。ナーガセーナ長老にはミリンダ王の問いの真意がわかっていたかもしれない。しかし長老はその問題には触れずに、そこに傾向と門と習慣と習熟とがあるからである、と眼の認識作用の後に意の認識作用が生じる理由だけを答えている。ナーガセーナの説明では、傾向とは、誰にも命ぜられずに水が地面の傾斜にしたがい、先の水に続いて後の水が流れるように、誰にも命ぜられずに眼の認識作用の後に意の認識作用が生じることである。同様に、誰にも命ぜられずに都城の門から人が相前後して出ていき、習慣として先に行った車の轍《わだち》を後の車が通り、また算術や書き方の技術において、はじめは拙劣であるが習熟によって巧妙となるように、誰にも命ぜられずに、眼の認識作用の後に意の認識作用が生じることである。

ナーガセーナの説明はわかったようなわからないような説明である。要は、これらの認識作用の生じる順番は、それを統率し命令するような何者か、例えば、外なるブラフマンなどの自在神や内なる人格的主体（我）によって決められているのでなく、自然にそのようになっているのだ、という意味である。後世のアビダンマ仏教ではそれを定則（niyāma）と呼んでいる。「ブラフマン」や「我」という世界の統一者がいるかいないかは、証明不可の論理以前の前提である。「ブラフマンが決めたのだ」と言っても、あるいは「自然にそのようになっているのだ」と言っても、それ以上は論究しえない問題である。しかし「自然にそうなっているのだ」ではミリンダ王は納得しないであろう。ナーガセーナ長老は苦心の説明を試みている。

「我」の思いの深さ

このように、ミリンダ王はいろいろな角度から「人格的主体」の存在を尋ね、そのつどナーガセーナ長老は「無我」を説明している。それにもかかわらず、対論がまさに終わろうとする段階にいたって、ミリンダ王はまた同じ問いを繰り返している。

「尊者ナーガセーナよ、あるいは認識といい、あるいは智慧といい、あるいは生き物の生ける我ともいうが、これらの諸法は意義も異なり、文字も異なっているのですか。それとも意義は同じだけれども、文字だけ異なっているのですか」（86頁）

これがミリンダ王の最後の質問だった。ナーガセーナは認識と智慧との相違を説明している。

「大王よ、認識は区別して知ることを特質とし、智慧は明らかに知ることを特質としていますが、生き物における我は認められません」（86頁）

ミリンダ王の思考や行動に根ざしている「我」の思いの深さがここに現れている。ミリンダ王が育ってきた文化と受けてきた教育とが背景にある。容易に転換できるものではない、と想像がつく。「私という現象があるだけである」――ここにブッダは執着からの解放、すなわち解脱を見いだした――という仏教の主張は、ミリンダ王にどのような印象を与えたであろうか。自らの存在の基盤の崩壊を見たのであろうか。あるいは自らの存在が霧散する恐怖を感じたのであろうか。

ひるがえって私たちはどうであろう。私たちは「我」についてあらためて考察することはまれかもしれない。しかし、私たちの思考や行動に根ざしている「我」の思いの強さはミリンダ王のそれと同じであろう。ミリンダ王にとってそうであったように、現代の私たちにとっても、仏教は「大きな転換」を求めてくる。初期仏教を道徳律の集合とみる見方もあるようであるが、その見方は否定されるであろう。後半（一五九‐一六五頁）で、再度「無我」について考察する。

二　業論

業論と無我論との矛盾

ミリンダ王の無我論への批判は前述のように、㈠ 善悪の行為（業）の主体者は誰か、㈡ 善悪の行為の果報を受けるのは誰か、——にまとめることができた。これは、無我論のもとで業の教義が成り立つのか、という批判である。

インドでは輪廻説は業の応報の観念と結合している。善い行いをすれば、現世あるいは来世で善い果報が得られ、悪い行いをすれば、現世あるいは来世で悪い果報が得られる。仏教の用語では「善因楽果・悪因苦果」と言われる。それゆえ、人は行いを正しくしなければならない。これが業の倫理性である。

業の応報が成り立つためには、業を行った者と業の果報を受ける者とは同一人でなければならない。すなわち「自業自得」でなければならない。そのためには不変の人格的統一者すなわち「我」が存在しなければならない。ところが仏教は「無我論」をとり、不変の主体者を否定する。無我論と業の倫理とがいかにして両立するか。ミリンダ王もこの点を尋ねている。

「この〔現在の〕名色が次の世に生まれ変わるのでないならば、人は悪業から免れることになるのではありませんか」（46頁）

ここに「名色《みようしき》」という術語が出てくる。「名《みよう》」とは人の存在を構成している諸要素のうちの精神的要素を意味し、「色《しき》」とは物質的要素を指す。それゆえ「名色」の語は「我」を否定し、人の存在は諸要素の集合であることを表す。

ミリンダ王はこの術語を使用しながら、「我」の思いにとどまっている。ミリンダ王の質問の意図は、「同じ人が次の世に生まれるのか否か」ということにある。

これに対してナーガセーナは、術語の意味するとおりに、この世の業によって来世に新たな名色が、すなわち人を構成する諸要素が生じるので両者は両立する、と多くのたとえをまじえて説く。

「大王よ、ある人が他の人のマンゴーの樹の実を盗んだとしよう。マンゴーの樹の所有者が彼をつかまえて、王の前につきだし、『王さま、この男が私のマンゴーの実を盗みました』と言った場合、その男が『王さま、私はこの人のマンゴーを盗んでいません。この人の植えたマンゴーの実と私が盗んだマンゴーの実とは別のものです。私は罰を受けるはずがありません』と語るなら、大王よ、その男は罰を受けるべきでしょうか」

「尊者よ、彼がたとえそのように言おうとも、最初のマンゴーの実を現に見てはいないけれども、最後のマンゴーの実に関して、その男は罰を受けるべきです」

「大王よ、それと同様に人はこの世の名色で善あるいは悪の業を行い、その業によって他の［新たな］名色が次の世に生まれるのです。それゆえ、彼は悪業から免れないのです」（46頁）

ミリンダ王は無我論と業の倫理性とは両立しないと言い、ナーガセーナ長老は両立すると答える。両者の主張を調べる前に、私たちはもっと根元的な問いを持たなければならない。

業果の必然性

善業は楽果をもたらし、悪業は苦果をもたらすという業果の必然性は業論の大原則とされる。原始経典にもそのことは繰り返し説かれている。

いくつかの例を見てみよう。

『ダンマパダ』（「真理の言葉」）は全体が四二三のブッダの詩偈から成る聖典である。その第一一六－一二八の詩偈は「悪」と名づけられる章であり、そこでは「悪を行うな」と繰り返し説かれている。そのうちの第一二七偈に言う。

「大空の中にいても、大海の中にいても、山の中の奥深いところに入っても、およそ世界のど

ここにいても、悪業から脱れることのできる場所は無い」（中村元訳）

現世で苦を受けなかったからといって安心してはならない。現世で苦果を受けないなら来世で受けるのだ、と言う。同じくブッダの詩偈を中心にして成っている『スッタニパータ』という聖典（『ブッダの言葉』と訳される）で、ブッダは次のように説いている。

「けだし何者の業も滅びることはない。それは必らずもどって来て、（業をつくった）主がそれを受ける。愚者は罪を犯して、来世にあってはその身に苦しみを感じる」（『スッタニパータ』第六六六偈、中村元訳）

来世で受けなければその次の世で、あるいはそれ以降のいずれかの世で受ける、とブッダは業果の不可避であることを徹底して説く。

「比丘たちよ、意図された業が行われ積まれたとき、［その果を］感受せずに消滅すると私は説かない。それは現世に、または次の生に、またはそれ以降の生に［感受される］」（『増支部経典』）

刮目(かつもく)している仏像／彼は人間の業(ごう)を見据えているのか。

ブッダはこの業果の必然性の原則を疑うことを許さない。『中部経典』第七一経でブッダは、「邪命外道の者で天界に生まれた者は、私が九十一劫の過去を追想しても、ただ一人の例外を除いて、皆無である。その一人の例外とは業論者である」（意趣）と説いている。

業果は不可思議

しかしブッダがどのように説こうと、悪業を行う者が常に苦を受けるとは限らず、善業を行う者が常に楽を受けるとは限らない。

現実を見れば、悪業を行いながら楽しい思いをしている者がいかに多く、また善業を行いながら苦果を受けている人がいかに多いことか。巨悪小悪の跳梁跋扈を知らない者はいない。悪人は「悪業のどこに苦果があるのか」とうそぶき、善人は「善業を行えばいつか必ずよい果報があるのだ」と自らを慰めるだけではないか。ブッダは、業果は現世に現れなければ来世に、あるいはそれ以降の世に現れるという。しかしそれをいったい誰が確かめたのであろうか。また、誰が確かめ得るのであろうか。このように考えてくると、私たちは言わざるをえない。業には果があるとは必ずしも言いえない――と。

この疑問に対してブッダは、この業果の必然性は不可思議であり、深く追求すべきことではない、と言う。

「比丘たちよ、業の報果は不可思議であり、思惟すべきでない。これを思惟する者は狂乱と悩害とを有す者となるであろう」（『増支部経典』）

業果の必然性は通常の知識の範囲を超えており、ただ仏と阿羅漢のみが知りうることがらである、とブッダ自身が説いている。

業果を信じよ　これは驚くべき言葉である。では思惟せずに何とせよと言うのか。ブッダは、「信じよ」と言う。別の原始経典（『パーヤーシ経』）では、「他の世はなく、「地獄や天界に」生まれる有情はなく、善悪業の果報はない」という誤った見解（悪見）にとらわれた王族のパーヤーシに対して、仏弟子のクマーラカッサパがさまざまな実例やたとえによって他の世があり、地獄や天界に生まれる有情があり、善悪業の果報があることを説き続ける。

「王族よ、他の世はあなたの考えるように肉眼で見ることのできるものではありません。人声のない、騒音のない、森の中の人影のない場所に止住する沙門・バラモンは、たゆむことなく一心不乱につとめて天眼を清めます。彼らは超人的な清らかな天眼によって、この世とかの世を見、［地獄や天界に］生まれる有情を見るのです。王族よ、このようにしてかの世は見ることができるのであり、あなたの考えるように、肉眼では［見ることが］できません。王族よ、これを根拠にして、あなたはかの世があり、［地獄や天界に］生まれる有情があり、善悪の業の果報があると信じなさい」

仏弟子のクマーラカッサパは王族のパーヤーシに対して「信じよ」と説き、「悪き邪見を捨てなさい。あなたは長い間、無益に苦悩してはいけない」と、ただ信じる以外にないことを繰り返し説いている。

このようにブッダは業果の必然性を強調しながら、他方では業果の必然性は不可思議であり、ただ信じるほかはないと説いている。

「事実をありのままに見よ」と説き、盲信を否定するブッダが、「追求せずに、信じよ」と説くのは矛盾するのではないか。しかし、これが原始経典に現実に説かれていることである。なぜブッダはこのように説くのだろうか。

業果の必然性の論証

業の問題を取り扱うとき、業果の必然性は自明の真理として受け止められ、これについてあらためて考察を加えるということを仏教諸典籍は行っていない。また、研究者はこの業果の必然性に対する疑義を表明することを控えてきた観がある。しかし業果の必然性は必ずしも現実に即応しないということに、多くの人が気づいているに違いない。ブッダは「信じよ」と言う。信じるためには業果の必然性が真理でなければならない。業果の必然性を論証しようという研究も、少数ではあるが行われている。

ここでは現代の研究者の論証をみてみよう。パーリ仏教学界の泰斗である水野弘元博士は業果の必然性を論究し、次の四点からその合理性を論証している。

㈠　良心の満足と呵責：善をなせばその人自身が良心的に満足し、悪を行えば良心の呵責を受けて苦しむということであり、これは鋭敏な良心をもっている人には、誰にでも起こりうることである。この立場からすれば、善因楽果・悪因苦果の事実は容易に認められる。

㈡　社会的な賞罰：善事をなせば社会や国家から賞賛表彰され、悪事を行えば制裁処罰を受ける。その社会の組織や秩序がよく整っている場合には、これは当然にある得ることであるが、公平を欠いたり混乱したりしている社会では、正当な賞罰は期待されず、悪人が栄えて善人が不幸に陥ることもあり得るであろう。

㈢　身心環境との有機的な調和不調和：善――自己の心身や周囲の社会の向上発展に対してプラス

になるもの——を行えば、それは一方では自己の心身を発展調和させて、健全かつ健康な精神肉体を得させることになり、他方では周囲の社会環境の生活と調和し、その進展に役立つものとなるはずである。衛生に注意することによって健康が得られ、事業に精励することによって財産が得られ、社会のために貢献することによって、その社会が平和で幸福なものとなるのはその例である。したがって善を行えば、自己および自己の属する社会を向上発展させ、悪をなせばその反対となるであろうから、善は楽果を招き、悪は苦果を引くことになるのである。

(四) 宗教的道徳的な要請：宗教的または道徳的な要請として、善は必ず善果を引き、悪は常に悪果を招くとされる。それは多くは社会的秩序が乱れている場合、または心身環境の有機的関係が認め難いような場合に、現世ではその正当な報果が得られないとしても、来世では必ずそれに応じた報果を受けると主張される。故に前の三つの条件が完全であるならば、この第四は必ずしも必要としないであろう。[趣意]（水野弘元「業について」『日本仏教学会年報』25号。三一八–九頁）

水野博士の論証は、良心の存在、社会の公正さ、自己と社会との本来的な調和などのさまざまなことを前提にして行われていることに私たちは気がつく。しかし、例えば良心は生来的に存在するのか、それとも教育によるものかなどを考察しようとすると、博士の論証はたちまち崩壊してしまうであろう。

業果の必然性の論証は、現代の研究者だけでなく、ナーガセーナの時代よりも数世紀後の部派仏教の時代にもみられる。部派仏教の時代の代表的部派であった「説一切有部《せついっさいうぶ》」の学匠であるサンガバドラ（「衆賢《しゅげん》」と漢訳されている）は、業果の必然性の論証に力をつくしている。彼の主著『順正理論』を見てみよう。

『順正理論』三三巻には「世に現見するに」と前置きして、業の因果が不可避であることを十数例をあげて論じている。ここでそのすべてを紹介することは不可能であるが、その一、二の例をあげてみよう。

「農夫が勤勉という善業により、作物の植えつけと取り入れを行えば、好ましい果報が生じる。また愚か者が盗みなどの悪業を行えば、捕縛されるなどの好ましくない果報がある」

「法に従って正しく行っている人は精神作用が安定し、心も穏やかであり、安泰に暮らしている。もし貪欲の猛火の虜になって不法に行う人はそれと反対である。また法に従って正しく行っている人は世間の人々から親しまれ尊敬されるが、不法に行う人はそれと反対である」

常識的に考えて、これらはありそうなことだと、私たちも認めることができる。サンガバドラも同様に説く。

「世間を見ると、善業を行う者は少なく、悪業を行う者は多い。他方、生ける者には安楽は少なく、苦悩が多い。世間の人々は、多くの人が生き物を殺しており、殺さない人は少ない。もし喜ばしい結果が殺害の招くものであるなら、世間には安楽な果報が多く、苦しい果報は少ないはずである。しかしそれはそうでない」

多くの場合はそうかもしれない。しかし例外がある。その例外が問題なのである。サンガバドラは言う、善因楽果・悪因苦果の法則に合わない事象は、私たちが正しく因果を見ていないだけである、と。『順正理論』に言う。

「世間を見ると、多くの悪を行って心に喜悦を感得しているように見える者もある。しかし、これはその人が先に行った善業の果報であり、悪業の果報ではない。あるいは習い性となって、悪業を行うことを喜んでいるにすぎない。あるいは悪業によって他から尊敬されているように見えることもある。しかしはっきりと見える原因と隠れていて見えない原因とがあることを知るべきである。智慧のある人は、湯でやけどをする原因が火にあって、水にないことを知るように、智慧ある人は、安楽な果報の原因が善業にあり、悪業にないことを、つまびらかに思うべきである」

仮に悪業を行って楽果を得ているように見えても、そこには別の業因がはたらいているのであり、その隠されている真の原因を見よ、と言うのである。それゆえ、以下がサンガバドラ（衆賢）の結論となるであろう。

「現実に見ることのできる正しい(善)あるいは正しくない(悪)の原因の果報に基づき、果報のよってきている、隠れていて現に見ることのできない原因を推し量ってみるべきである」

しかしこの議論は、「業果の必然性」は真理であるという前提に基づいてなされていることに、私たちは容易に気づく。現実に即応しない業果の必然性をなぜに仏教は説くのか。私たちはこの疑問を忘れてはならない。

業果の必然性の根拠

結論から言えば、業果の連関は客観的に実在するものではない。それは経験の積み重ねによる類推にほかならない。善因楽果・悪因苦果の大原則は実は経験的確率性にすぎない。このことは前に引用した『順正理論』の記述に現れていたところである。サンガバドラがそのように説いているというわけではむろんない。サンガバドラは業果の必然性を不動の真理と認めているのであるが、その必然性を証明しようと言葉をつくすとき、その大原則が経験的確率性にすぎないということがはからずも明らかになってくるのである。

善業を行って「幸福になった」「楽果を得た」という一つ一つの経験的事実が、業果は必然に違いないという確信へ導く。そして経験的事実が多ければ多いほど、その信憑性は高くなる。しかし善因は楽果をもたらし、悪因は苦果をもたらすという「法則」に合う例が多くなれば、それとともにその「法則」に合わない例も多くなる。これが経験に基づく類推であり確率である。類推は類推の範囲を越えず、確率は確率の域を出ない。

倫理的要請

この類推・確率が「真理」とみなされるためには、経験の事実以外の、他の要因がはたらかなければならない。それでは何が善因楽果・悪因苦果の連関を必然の「真理」とさせるのか。この要因に二つがある。それは倫理的要請と宗教的補強とである。

倫理的要請は『順正理論』に現れている。

「『浄業と不浄業はおのおの楽と苦の二つの果報を招く』とこのように誤って考えてはならない。もしそうであるなら……浄業と不浄業の感ずるところの果報に差がなくなるから、まさにすべての生ける者の業果はすべて差がなくなるであろう。しかしこのようなことはない。もしそうであると認めれば、戒律を保っていることも戒律を破ることも差別がなくなるから、精勤して修学することも荒唐無稽のこととなる。しかしこれは認めることができない。またもしそうであるなら、殺生をしてもよいことになるから、殺生を行う者も天界や人間界という良い境遇の中に於いて、長寿の果報を受けるようにもなり短寿の果報を受けるようにもなる。殺生を離れている者にも同じように災いの果報が生じてくることになる。これと同様に盗みを行うことと盗みを離れることなども、同時に貧富などの果報を受けることになってしまう」

善因楽果・悪因苦果でないなら、持戒も破戒も区別がなくなり、人々は殺生を行い、盗みを行うことになってしまう。それゆえ善因楽果・悪因苦果でなければならない、というのがこの文意である。業の因果の連関は、自然の法則とは異なり、客観的に実在するものでなく、倫理的に要請されたものである。業の因果の連関を必然の真実として受け入れ、それに従って行動することによって人倫が保持される。業果の必然性は、人倫が保たれるためには「かくあらねばならない」と要請されたものである。業果の必然性を説くことによって人の行動を規制し、悪から遠ざけることを目的としている。業果の必然性を信じ、悪から遠ざかり、善を行え、そうすれば人は幸福・安穏を享受できる、と人に命じ要求する。善因楽果・悪因苦果の業果の連関は自ら「真理」の衣をまとい、信じて自らに従うことを人に要求するのである。

宗教的補強　この倫理的要請を支持し強化しているのが宗教である。インド一般において楽果は生天の楽果に、苦果は地獄の苦しみに集約される。善業を行って来世には天界に生まれ、悪業によって地獄の苦を受ける、という教えは宗教の範囲を越え、インドの社会的通念となっている。この宗教的・社会的通念を育てたのは倫理観であるが、成立した宗教的・社会的通念が逆に倫理観を補強する。

生天の楽果と地獄の苦果との存在が「真理」である限り、善因楽果・悪因苦果も「真理」となる。人倫にしたがい善業を行えば来世には天界に生まれ、人倫を損ない悪業を行えば地獄の苦を受ける、という宗教的・社会的通念が、業因業果の連関を経験的類推を越えた「必然の真理」に高めている。地獄の苦果を脱れ、生天の楽果を願うなら、因果の必然性を信じ、人倫にしたがって行動する以外にない。ブッダの「信じよ」の言葉の根拠がここにある。

業果の必然性の是非　「業果の必然性」に逃れがたい運命や宿命といった意味はない。「業果の必然性」は自然の法則とも異なる。それは人がつくりだしたものである。つくりだしたのも人であるなら、こわすのもまた人である。

「業果など迷信だ」として「業果の必然性」を葬り去るのか、それともそれを維持するのか、極端な表現になるが、善因楽果・悪因苦果の社会と善因苦果・悪因楽果の社会とのどちらがよいのかを、私たち現代人は考えなければならない。善因楽果・悪因苦果を維持していくのであれば、努力が必要である。教育によって良心をはぐくむ努力、社会の公正さを保つ努力が必要である。私たちはその努力をしていると言えるであろうか。

＊

私たちは『ミリンダ王の問い』を離れすぎたかもしれない。しかし、むだに紙幅を使ったわけではない。業論にとって最も重要な点を考察したつもりである。

三　輪廻思想

人の差異の原因

　仏教は人格的主体の存在を否定しながら、輪廻を説く。無我論と輪廻ならびに業論とが両立するか否かが、仏教の輪廻説もしくは業論の最大の問題となる。ミリンダ王の問いもこの点に集中されている。王の問いは現代の私たちの問いでもある。

「尊者ナーガセーナよ、いかなる理由によって、人々は平等ではないのですか。すなわちある人々は短命であり、ある人々は長命です。またある人々は多病であり、ある人々は病気が少ない。ある人々は醜悪ですが、ある人々は端麗です。ある人々は力が弱く、ある人々は力が強い。ある人々は財産が少なく、ある人々は財産が多い。ある人々は卑賤の家に生まれ、ある人々は高貴な家に生まれる。ある人々は愚かであり、ある人々は聡明である」(65頁)

これほど現実的な質問はないであろう。人は同じでない。富裕の家に聡明に生まれつく人と、貧乏な家に愚昧に生まれつく人とでは、人生の出発点から大きな差がついている。たとえわずかな差であっても、その差が人生に重大な差をもたらす。「厘毫の差あれば千里はるか隔たる」と言う言葉もある。わずかな差が尊敬の対象になり、あるいは侮蔑の的になり、わずかな差に人は優越感を持ち、あるいは劣等感を持つ。人は生まれたときから他との比較のもとに生き、他との差異の中に生きている。たとえ双子であっても、片方は兄もしくは姉として育てられ、他方は弟もしくは妹として生きていく。人の長寿・短命、多病・少病、醜・美、貧・富、貴・賤、賢・愚の差は何によって決まるのだろうか。ナーガセーナ長老は王に反問する。

「大王よ、なぜ樹木はすべて平等ではないのですか。あるものは酸っぱく、あるものは塩辛く、あるものはにがく、あるものは辛く、あるものは渋く、あるものは甘い」
「尊者よ、それはもろもろの種子がことなっているからだ、と私は思います」
「大王よ、それと同様に、業が異なることによって人々はすべて平等ではないのです」（65頁）

ナーガセーナ長老は「業」がそれらの差異を決めると答え、ブッダの言葉を引用する。

「有情はそれぞれ各自の業を所有し、業を相続する者であり、業を母胎とする者であり、業を親族とする者であり、業をよりどころとする者である。業が諸々の有情を分け、優劣の性をあらしめる」

このように言われて、ミリンダ王は「もっともです、尊者ナーガセーナよ」と答えている。しかし、ミリンダ王は本当にわかったのであろうか。わかったとしたら、どうわかったのであろうか。では、私たち現代人は「わかりました」と言えるであろうか。富み栄える人を見れば、貧しく疲れたおのれをなげき、世に入れられている人を見れば、世に入れられない自分を省みて世を呪い、不治の病にかかれば、「わたしがどんな悪いことをしたというのか」と神仏をも恨まずにおれないのが私たちの現実の姿である。貧窮、孤独、汚れ、敗亡、病苦は誰もが避けがたい世界ではないか。その世界にいる私たちが、そう簡単に「わかりました」と言えるであろうか。

人生のすべてを自らが背負う

実はこの対論には原型がある。『中部経典』第一三五経「業分別小経」では、人の長寿・短命、多病・少病、醜・美、貧・富、貴・賎、賢・愚の差は何によって決まるのかという問いに対して、ブッダは「業」がそれらを決めると言い、前記のように「有情はそれぞれ各自の業を所有し」云々と説いている。

この経説は自らの存在を決めるのは自らである、と言おうとする。これが仏教の説く業の本質である。その点は私たちもある程度は理解できる。怠慢の結果が業績不振になったり、不摂生の結果が病気になったりする。「これではいけない」と思いなおして、業績を上げたり、健康を取り戻したりもする。そういう経験を誰しも持っているからである。

しかしこの経説に疑問も感じる。すべては自らの業のせいだと言われることに不満が残るからである。なるほど自分の責任もあるに違いないが、すべては自分の業のせいだというのは理不尽ではないか。醜美賢愚や長寿短命などのさまざまな差の原因のすべてを自らつくったと言われても、私には身に覚えがないからである。

現代人にとっては、「人間も樹木も同じ生き物だ。同種類の樹木にも、樹の高さや幹の太さなどいろいろな差異があるように、人間にもいろいろな差異があって当然だ」と、突き放してもらったほうがまだしもましではないか。太い樹が価値が高く、細い樹は価値が低いなどの判断は人間の価値の尺度にすぎず、自然界にあっては、太かろうが細かろうが、高かろうが低かろうが、あるがままにあるだけの話である、と。

しかしこれは思考の放棄である。なぜなら、細い樹は太くなることを要求され、低い樹は高くないという理由で排除されるのが世の現実であり、そこに人の苦悩があるからである。ブッダは思考を続けて業にたどり着いた。

ではなぜに業というものを持ち出すのか。しかもこの経説は、業の因果関係を現世だけに限っていない。過去世の業によって今の生存が決まり、現世の業によって来世の生存が決まるという。ここで私たちの理解を越えてしまう。

およそ行為にともなう責任は、行為を行う自由が存在して初めて生じてくる。例えば道を進むとき、右の道へ行くこともでき、左の道へ行くこともでき、後へ戻ることもできる。どちらの道をとるかはその人の自由である。自らの自由な意志で右の道をとったとき、その結果の責任を負うのである。なぜなら彼には左へ行く自由も、後へ戻る自由もあったのに、右へ行くことに決めたからである。

ところが過去世において、私にはどのような自由があったのかまったく知ることができない。それどころか私に過去世があったのかどうかも疑わしい。それにもかかわらずこの経典は、「すべては自らの業のせいである」と説く。

この経説は何を言おうとするのか。前述のように、この経説は自らの存在を決めるのは自らである、と言おうとする。そのことを分析すると、次の三つのことが説かれている。

第一に、人間の存在の原因として業をたてる。人の長寿・短命や美・醜などの原因を、私たちは科学によって「これである」と特定して知ることができない。長寿の人はそれでよいであろう。美麗の人はそれで悩むことはないであろう。短命または醜悪の人は「なぜ私だけがこうなのか」と問わずにはいられない。しかしいくら尋ねても答えは出ない。それゆえ人はその原因を自在神の意図に帰したり、あるいは「生まれつき定まっており、いかんともしがたい」と、運命という力のもとに伏したりする。あるいは不遇の身を恨み、怨念の虜《とりこ》になってすさんでいく。これが人の「迷い」である。問題は科学の領域を離れて宗教の領域に入り込んでいる。仏教は、人の外のこの種の力を否定する。神に原因を帰せば、神の意のままに生きていくほかに道はなくなる。怨念の鬼となってすさべば、自己の破滅に終わることは目に見えている。それゆえブッダは、長寿・短命などは人の業によって決まると言う。「他のせいにするな、自分のせいだと思え」と言うのである。ここに論理はない。また論理で解決できる問題でもない。

第二に、人の差異の固定化を否定する。差異は固定しておらず、業によって変わっていく。しかもこの経説は、業の因果関係を現世だけには限っていない。過去世の業によって、今の生存が決まり、現世の業によって、来世の生存が決まると言う。この経説は、われわれに「生存」の考え方の変更を迫っている。生存とは、生まれてから死ぬまでという現世に限定されるものではない。生存は無限に繰り返される。現世は生存の流れの一こまにすぎない。無限の流れの中で変わっていく。生存変わっていくのが存在の本質である。人もそのように変わっていく。「我」と呼ばれるような常住不変の実体は存在しない。

第三に、それゆえ、業を正しくせよと言う。人生は自らの業によって変わっていく。自らの業によって自らの人生を拓《ひら》いていけと言う。

私たちは、すべてが私のせいではないと思いたい。しかしいくら世を呪っても、神仏を恨んでも

街頭の牛の群れ／牛たちは人間と同じ輪廻の輪の中にいるのだろうか（印パ国境近くのシャーカルガにて）。

現実は変わらない。それゆえブッダは言う。たとえ美醜・賢愚の原因がわかっても美醜・賢愚の現実は変わらない、現実から逃れるな、すべてを自らに引き受けよ、そこから初めて人生は開けてくる、と。この経説は、人が自らの人生にどのように立ち向かうべきかを、最も明瞭にかつ最も力強く説いた経説である。

輪廻とは何か

輪廻はすでに仏教興隆以前に説かれている。来世にどのような生存に生まれ変わるかはすべて現世の業が決定し、この鉄則を生ある者は決して免れることができないという考えが全インド人を支配し、今日に至っている。

では輪廻とは何か。ギリシャ人のミリンダ王にとって、輪廻の思想ほど不可解なものはなかったようである。ミリンダ王とナーガセーナ長老との討論の主たるテーマがこの輪廻の思想であった。討論に臨むにあたって王は輪廻についての一応の「知識」を学んでいたに違いない。それゆえ、討論の最初から、王は輪廻思想に付随する問題を尋ねている。「次の世に生を結ぶ理由は何か」「次の世に生を結ばない理由は何か」「無我説と輪廻とは矛盾しないか」と。
ナーガセーナ長老は比喩をまじえながらその問いに答えていく。「無我」の問題についてもそうであったように、ミリンダ王はナーガセーナ長老の説明を聞き、「もっともです、尊者ナーガセーナよ」と、一応納得したかのように答えておきながら、しばらくすると、また輪廻の問題を持ち出す。二人の討論が現存のパーリ語『ミリンダ王の問い』のように進んだものと考えると、ミリンダ王は片づいたと思った頃にまた輪廻の問題を蒸し返し、忘れた頃にまた輪廻の問題を尋ねている。「輪廻、輪廻というが、輪廻とは一体何だ」。この、おそらくは最初に問われるべき「輪廻の定義」を王が尋ねたのは、二人の討論も終わりに近づいたころであった。王は尋ねる。

「尊者ナーガセーナよ、あなたが『輪廻』と言っているところの、その輪廻とは何ですか」

私たちはこの問いから輪廻についての考察をはじめていこう。これがまず問われるべきことであると考えられるからである。ナーガセーナ長老は答える。

「大王よ、この世で生まれた者はこの世で死に、この世で死んだ者はあの世に生まれる。あの世で生まれた者はあの世で死に、あの世で死んだ者はさらに他所に生まれる。大王よ、このよう

なものが輪廻です」（77頁）

私たち日本人には「輪廻」の語は馴染み深いであろう。「六道輪廻」という語がよく知られている。輪廻していく行き先に六種を設定するのである。この行き先をパーリ語の原語でgati（ガティ）という。漢訳仏典では「道《どう》」「趣《しゅ》」「途《ず》」などと訳されている。「三途《さんず》の河」と言うときの「途」がそれである。「六道」とは天界、人界、阿修羅、畜生、餓鬼、地獄である。また「三途」とは畜生、餓鬼、地獄の三種をいう。来世にこれらのどこで生まれるかは、この世での行いの善し悪しによる。その「行い」が仏教の用語で「業」と呼ばれる。

ナーガセーナ長老の輪廻の説明には「行き先」についての言及も、「業」についての言及もなかった。

樹木のたとえ　ナーガセーナ長老は比喩による説明を加えている。

「大王よ、例えば、ある人が熟したマンゴーの果実を食べたあとで種子を植えるとしよう。それから大きなマンゴーの樹が成長して果実を実らせる。そこでまた、その人が熟したマンゴーの果実を食べ種子を植えるとしよう。その種子からもまた大きなマンゴーの樹が成長して果実を実らせるでありましょう。このようにして、これらの樹の終わりは知られないのです。大王よ、それと同様に、この世で生まれた者はこの世で死に、この世で死んだ者はあの世に生まれる。あの世で生まれた者はあの世で死に、あの世で死んだ者はさらに他所に生まれる。大王よ、輪廻とはこのようなものです」（77頁）

樹木の生育による説明は輪廻の説明にしばしば用いられる、いわば常套法である。樹木の生育に関して私たちは何らの疑念も持たない。しかし輪廻の説明として、このたとえは適切といえるであろうか。樹木のたとえは、一個の個体が原因となって、後に別の個体が生成していることをいおうとする。これは動物でいえば親から子が生まれる生殖現象と同じであろう。生殖において親と子とは別の個体であり、別の存在である。しかし輪廻にあっては先の生存と後の生存とは、かりに個体は別であっても、私の本体あるいは私の実体は同一でなければならない。

私の肉体が滅べばそれはさまざまな元素に戻り、その元素はやがて他の生物の身体を構成する元素になり、こうして元素は永遠に保持されて生命現象が繰り返される、という知識を私たちは持っている。しかしこの科学的知識とも輪廻思想は同じでない。輪廻は私たちの肉体を構成している元素が生まれ変わることでない。

私の私たるもの、私を私たらしめている私の本体、そういう何かがあると私たちは漠然と考えている。輪廻とはその「何か」が来世に再生することのはずである。ここにふたたび、個人の主体(我)の問題が現れてきている。さらにその「再生」も、ただ再生するのではない。この世での業の善し悪しに応じて再生する生存の善し悪しが決まる。「自業自得」の「自」が存在しなければならない。

私が死んだ後に私が再生するか否かを私は知ることができない。ナーガセーナ長老は輪廻を樹木の転生にたとえ、輪廻は樹木の転生と同じであると理解せよ、樹木の転生があるのと同様に「私の再生がある」ことを信じよ、と説く。しかし前述のように、樹木の転生のたとえは輪廻の存在を証明することはできない。

ではなぜに、すなわち何に基づいて、また何を目的として存在を証明しえない輪廻が説かれるのか。私たちはこの疑問を忘れてはならない。

輪廻への二種類の対処

その繰り返される生存は、善因楽果・悪因苦果の倫理に貫かれている。来世がどのような生存になるかは祭祀の効果によるのでもなく、人の願望によるものでもない。その人がこの世で行った行為(業)によって決まる。よい行いの多い者は来世にはよい境遇に生まれ、悪い行いの多い者は悪い境遇に生まれる。

善業によって来世に生天の楽果をえ、悪業によって悪趣に輪廻するという教えは原始経典の随所に現れている。『スッタニパータ』の第六五七－六七八偈ではブッダは、悪口を言い聖者を誹謗する者は地獄に堕ちると説き、地獄の苦しみを言葉をつくして述べている。第六七八偈には次のように書かれている。

「ここに説かれた地獄の苦しみがどれほど永く続こうとも、その間は地獄にとどまらねばならない。それ故、ひとは清く、好ましく、善い美徳のために常にことばとこころを守るべきである」（中村元訳）

来世は褒美でもあり刑罰でもある。その責任は当の本人にある。自らを律していけとブッダは説いているのである。

さらに後世では、ブッダには誰がどのような悪業により、どのような悪趣に輪廻し、どのような善業により、どのような善趣に輪廻するかを知る能力がある、と言われるようになる。これがブッダの十力の一つである「死生智」と呼ばれるものである。

この輪廻に対して二種類の対処法が考えられる。すなわち、

㈠　善業を行い、善趣に輪廻しようとする。

㈡　輪廻から離脱する。

(一)は倫理的完成をめざし続ける道であり、(二)は解脱を意味する。

善趣への輪廻

「人間を含む生類は永久に輪廻の生涯を繰り返すのであれば、またそれが不可避であるなら善い行いを積み重ね、よい境遇へ輪廻すればよいではないか、善業によりそれが可能なのだから」と考える人がいても不思議ではない。むしろそれが輪廻に対する一般的な態度であったのかもしれない。ブッダはそのための「善い行い」をさまざまに説いている。

例えば、『スッタニパータ』の第一八七偈では、アーラヴァカ夜叉がブッダに、「どうすればこの世からかの世に赴いたとき、憂いがないのだろうか」と尋ね、続く第一八八偈でブッダが答えている。

「信仰があり、在家の生活を営む人に、誠実、真理、堅固、施与というこれら四種の徳があれば、かれは来世に至って憂えることがない」(中村元訳)

これは誠実などの四種の徳を積み重ねていけば、来世は善趣・天界に輪廻転生できる、という意味であろう。

また、結婚以来、互いに邪心を抱いたことが一度もないというナクラピターフ夫婦は、来世も同じところに生まれ、一緒に生活したいと願って、その方法をブッダに尋ねている。ブッダは次のように説いている。

「信仰を同じくし、戒律を同じくし、施与を同じくし、智慧を同じくしなさい」

「夫婦がともに信仰を持ち、もの惜しみなく、慎み深く、法にしたがって生活し、互いに言葉やさしければ、利益は豊かになり、安楽は生じる。一緒に戒律を保てば敵は落胆し、この世で法にしたがって戒律を守れば、一緒に天の世界において喜び、求める希望は満たされる」(『増支部経典』)

「来世などあるものか」といって、ブッダの教説を否定するのは簡単かもしれない。しかしここで一歩退いてみよう。ブッダのこの教えを守って生活すれば、来世のことはともかく、この世では落ちついた温順な生活が送れそうだ、ということに気づかされる。先に述べたとおりに、「信じてしたがえ」という倫理的要請がここでも生きている。

業の倫理は輪廻の中で説かれる。無限に続く生存の繰り返しの中で「善を行え」と要請される。その要請には完成はない。輪廻の中にあっては、善業を行って天界に生まれても、それは人倫の完成を意味しない。天界における業のいかんによって、次生では地獄に落ちる可能性もある。

仏教の目的は人倫の完成にあるのではない。そもそも人倫には完成はない。善業を行って天界の楽果が得られたにしても、天界での業によって次には地獄に生まれるかもしれない。輪廻の世界にとどまるかぎり人倫に完成はない。また、仮に天界の楽果が得られたにしても、それによって人は生老病死の苦を越えることはできない。人間の生存に根ざした苦に目覚め、それを超越して行ったのがブッダであった。

輪廻を越える

ブッダについて一つの伝説がある。ブッダは悟りを開く前、悟りを開くために苦行を行った時期があった。苦行が無益であることをブッダは後に知ることになるが、それがその当時のインドの修行者の一般的な方法であった。

ブッダが成道以前にネーランジャャ河畔で苦行を行っていたとき、悪魔の誘惑があった。悪魔ナムチは苦行に疲労したブッダの姿を見て、「苦行を続ければ命を落とすぞ。苦行をやめて世間の善業を行え」とブッダに勧めている。

世間の善業とはヴェーダ聖典の学習と家長としての祭祀の実践であり、これはバラモン教の教えのもとでの理想的な善業であった。

それに対してブッダは答えている。

「私にはその（世間の）善業を求める必要は微塵もない。悪魔は善業の功徳を求める人々にそれを語るがよい」（『スッタニパータ』）

輪廻を越える道こそが求められるべきものであった。

同類の例を『相応部経典』に見ることができる。三十三天と呼ばれる諸天に属する一人の天人であるジャーリニが尊者アヌルッダに、三十三天界の歓喜園を見たことのない者はいまだ本当の楽を知らないと言う。

それに対してアヌルッダが答えている。

「愚者よ、あなたは阿羅漢の言葉を知らない。すべての行は無常であり、生滅を本性とし、生じ終わって滅ぶ。それらが静まることこそ楽である。ジャーリニよ、今や天の身体においてもふたたび住むところはない。生と輪廻が消滅したいま、再有はない」

輪廻を越えるという真の目的の前では、悪業はもとより、天界の楽果をもたらすはずの善業さえ超越されていかなければならない。『スッタニパータ』第七一五偈に言う。

「（輪廻の）流れを断ち切った修行僧には執着が存在しない。なすべき（善）となすべからざる

（悪）とを捨て去っていて、かれには煩悶が存在しない」（中村元訳）

ブッダは輪廻を断った人として、さまざまな表現で表されている。

ミリンダ王はナーガセーナ長老に尋ねる。


「尊者ナーガセーナよ、死んでからのち、次の世に生を結ばないものがいますか」

「ある人は次の世に生を結びますが、ある人は次の世に生を結びません」

「誰が次の世に生を結び、また誰が次の世に生を結ばないのですか」

「大王よ、煩悩のある者は次の世に生を結びますが、煩悩のない者は次の世に生を結びません」

「それでは尊者よ、あなたは次の世に生を結びますか」

「大王よ、もしも私が執着を持っているなら、次の世に生を結ぶでしょう。またもし執着を持っていないならば、次の世に生を結ばないでしょう」（32頁）

ミリンダ王はナーガセーナ長老に対して、あなたは輪廻するのかしないのかと尋ねている。人格的主体、すなわち「我」の存在を認める立場からは、輪廻は当然の帰結となるであろう。ミリンダ王の立場がそれであった。それに対してナーガセーナ長老は、「次の世に生を結ばない人がいる」

と答える。

この答えは、ミリンダ王には一つの驚きだったであろう。「次の世に生を結ばない人とはどのような人なのか。尊者よ、あなたは輪廻するのかしないのか」。それに対してナーガセーナは、「煩悩があり、執着を持っている人は輪廻し、煩悩を持たず、執着を持っていない人は輪廻しない」と答える。煩悩は智慧の力によって断たれる。ナーガセーナ長老は上記の問答にひき続いて、煩悩を断つ智慧と智慧を助ける精神的作用とをあげて説明している。

煩悩を断つ智慧などについての説明は後で見ることにしよう。私たちにはその先に問うべき重要な問題がある。

輪廻の体験

ナーガセーナ長老は、「煩悩を持たず、執着を持っていない人は輪廻しない」と答えた。しかしこの答えは私たちには依然として謎である。輪廻とは次の世に生を結ぶことである。それは人の存在の問題である。しかし煩悩があるか否か、執着があるか否かは人の心理の問題である。両者は次元が異なる。人の心理の変化によって人の実在が消滅するというのは論理的に不可能なのではないだろうか。

否、それ以前に問うべきことがある。「人は無限の輪廻の中にある」と繰り返し説かれているが、私たちには「私は輪廻している」という実感があるであろうか。ミリンダ王は輪廻の知識は持っているに違いない。私たちも輪廻について多少の知識は持っている。しかし自分が輪廻しているという実感はない。これはミリンダ王も同じであろう。

ナーガセーナ長老は「輪廻する」あるいは「輪廻しない」と答えているが、そのように答える以上、輪廻の実感があるはずであり、輪廻を脱したという実感があるはずである。それは輪廻の体験といってもよいであろう。単なる知識でない体験あるいは実感がなければ、「輪廻する」あるいは「輪廻しない」と答えることはできないであろう。輪廻が実在するかしないかは論証できない。私たちが問いうることは、その「体験」だけである。

苦の自覚

ブッダは「輪廻を越えた」と言う。何が輪廻からの解脱を求めさせるのか。霊魂の永遠を願う者にとって、あるいはもっと現実的に生天の楽果を求める者にとって、輪廻はなくてはならないものであろう。また来世も一緒に生活したいと願うことは、一つの理想的な夫婦のすがたであり、人倫の立場からは否定されるべきものではないはずである。そもそも輪廻の実在を証明することは不可能である。それは体験されるだけである。倫理の範囲では、輪廻は「苦がある」と恐れられ、「楽をうる」と期待されるだけである。上記において世尊もそのような輪廻を説いている。しかしそれは予想であって輪廻の「体験」ではない。いかにして輪廻の体験は成り立っているのだろうか。

この問いの答えは、ブッダの最初の教説といわれる『ダンマパダ』第一五三偈に見られる。

「私は幾多の生涯にわたって生死の流れを無益に経めぐってきた。家屋の作者を求めて、あの生涯、この生涯と繰り返すことは苦しいことである」（『法句経』）

ここには「わたしは輪廻を重ねてきた身である」というブッダの自覚が現れている。ブッダは、「あの生涯、この生涯と繰り返すことは苦しいことである」と言って、苦悩の自覚の中に輪廻転生の「事実」を見るのである。

解脱に達した長老・長老尼の歓喜の詩頌に、しばしば苦の自覚が現れている。この場合にも、苦の自覚が輪廻を繰り返してきたという自覚につながっている。二、三の例をあげてみよう。

「私は［解脱の端緒を］見いださずに、多くの生と輪廻を馳せ巡った。苦から生じた私の苦蘊は［今や］失われた」（『長老の詩偈』第七八偈、メーンダシラ長老の詩偈）

『相応部経典』に現れる夜叉女の姿は印象的である。ある日の夕暮れ時、ブッダは香殿のベランダにすわって説法をしていた。一人の夜叉女が娘のウッタラーを腰に抱き、息子のプナッバスの手を引いて、便所やゴミ捨て場などに食べ物をあさりながら、香殿の後ろにやってきた。人の集まりの物音を聞き、宴会があるのかと喜んで近づくと、ブッダの説法の声が聞こえる。夜叉女はむずがる子供たちをなだめて法を聞く。


「世にわが子は愛しい、世に我が夫は愛しい。

しかしこの法を求むることはそれらよりも強いのです。

子や夫は愛しいけれども、苦悩より解脱させてくれません。

正法を聞くことは人を苦悩より解脱させてくれます。

この苦悩に敗れ、老死にまつわられている世において、老死の解脱のためにあかしたまいし法です。

私はこの法を聞きたいのです。プナッバスよ、静かにしておくれ」


子供たちは「法を聞くのは楽しい」と答え母と一緒に説法を聞く。説法の後で母は言っている。


「その言葉は立派です。私に生まれ、私の胸に眠ったわが子は賢い。

今、わが子は、無上仏の説き給ふ、浄白の法を喜んでいます。

プナッバスよ、安心しなさい。私は今日、輪廻を脱しました。聖諦は見られました。ウッタラーよ、あなたにも話してあげましょう」

ナーガセーナもまた、苦を消滅させるために修行に励んでいるとミリンダ王に語っている。

苦をどのように見るか

対論の冒頭部分において、ミリンダ王はナーガセーナ長老に対して出家の理由を尋ねている。

「尊者ナーガセーナよ、あなたがたが出家したのは何のためですか。また、あなたがたの最上の目的は何ですか」

「大王よ、『願わくはこの苦は滅せられ、他の苦は生ぜざらんことを』というこの目的のために、私たちは出家したのです。実に私たちの最上の目的は、生存に執着することのない完全な涅槃であります」（31頁）

ナーガセーナの答えは、仏教の側からみれば予想できる答えである。しかしミリンダ王は、この答えに含まれる仏教徒の苦に対する考え方が納得できなかったようである。討論が進むうちにナーガセーナの言葉を取り上げ、反論している。

「尊者ナーガセーナよ、あなたがたは語ります、『願わくは、この苦は滅せられ、他の苦は生ぜざらんことを』と」

「大王よ、私たちはこの目的のために、出家したのです」

「それはあらかじめ努力することによって達成されるのでしょうか。むしろ、時が到来したときに努力すべきではないでしょうか」(66‐67頁)

なぜ常に苦のことを考えていなければならないのか、もしも解決すべき苦の問題があるなら、その問題が起こったときに解決すればよいではないか、と大王は言いたいのであろう。ナーガセーナ長老は断固としてこれに答えるが、そこに苦についての認識の相違が現れている。

「大王よ、時が到来してはじめてなされる努力は、実は行うべきことを行っていないのです。あらかじめなされた努力こそ、行うべきことを行っているのです」(67頁)

中村元博士によれば、「ギリシアにおいても、古来、厭世観が全く存在しなかったわけではない。

人生の苦悩と無常観はきわめてかすかながらすでにホメーロスの叙事詩のうちに表明され、またアモルゴス出身のセモニデース（約紀元前六五〇年）は、老・病と死とをとくに苦しみの淵源として併置したという」（中村元『インドとギリシアとの思想交流』中村選書16、434頁）。

しかし、一般ギリシア人は、現世の生活のあらゆる場面に楽しみを見いだし、快活な生活を送っていた。だから、ギリシア人の国王は、まじめに出家の生活を送っている人々の心理は理解しえないものであったであろう。「何を深刻ぶっているのか」。修行者のすがたが王にはこのように映っていたかもしれない。

仏教は、人生は究極のところ苦である、とみる。では私たちはどうみるのか。私たちとて、「人生は楽である」と考えるほど楽天的ではないであろう。楽しいことばかりではないが、苦しいことばかりでもない、と多くの人は思っている。楽があればそれが長く続くことを願うし、苦があれば一刻も早くそれから逃れたいと思う。「楽あれば、苦あり。苦あれば、楽あり」のことわざは、苦に対する心の準備を私たちに教え、同時に苦に絶望してはならないことを教えている。究極のところ楽か苦かなど考えることもないし、またその必要も感じていない。それが日常生活の現実でもあろう。しかし「人生は究極のところ楽か、それとも苦か」を考えることは、苦を逃れ、楽を獲得していくためには必要なことである。

「人生は苦である」という基本命題に対しては確かに抵抗がある。例えば、キリスト教からは

「仏教が人生を苦であると見たところにすでに誤りがある」と批判されている。

それでは人生は楽であるといえるであろうか。人生を楽とみた場合、苦の現実を前にして私たちは何をなしうるであろうか。人生が本来的に楽であるなら、苦はその楽を妨げる外からやってくる災いになる。「災いをもたらすものは何か」と私たちの目はあらぬほうへ右往左往することになりはしないか。災いは取り除かれなければならないが、すべての災いを取り除くに足るほどの力を人は持っていない。人は絶望するか、神のご加護を祈るしかなくなる。

佐々木現順博士の次の言葉は、私たちの心を打つであろう。

「苦であれ、楽であれ、人生は畢竟、人の生でなければならない。老も人生なら、死も人生でなければならない。人生である以上、人の力で超克しなければならない。人の世の苦しみを神にまかせることはできない。人はどこまでも、人の生を人の手で、人の世の次元のみで、克服しなければならないものである」(佐々木現順『原始仏教から大乗仏教へ』51頁)

人生は楽であるとみれば、人は永遠に楽に到達できなくなる。

苦の分析

「四苦八苦」という熟語はよく知られているであろう。このうちの「四苦」とは生まれること、老いること、病気、死ぬことの四種の苦を指す。

青春が華やかで活力に満ちていればいるほど、老残の苦しみは大きい。これは医学がどれほど進歩しようとも、避けることのできない現実である。病気もまた同様である。若者の不治の病気は悲痛である。死は苦であるか否か。死んでみなければわからないとうそぶく人もいるだろうが、老いの身に一日一日と迫りくる死の恐怖を苦と感じない人はいない。輪廻のもとでは、死ねば終わりでない。死ねば輪廻して、また新たに何らかの境遇に生まれる。老いも病気も死も苦であるならば、そのような生存に生まれることもまた苦にほかならない。生も老も病も死も自己のうえに起ることでありながら、自己の願望に従わず、自己の願望を否定する。

苦はさらに思索を深められている。

苦はまず第一に肉体の苦痛として感受される。苦と感じられるままの苦である。このような苦痛であるがゆえの苦を「苦苦《くく》」と呼ぶ。

苦は感覚的な苦だけでない。人は誰しも快楽と幸福を願う。仏教も、快楽や喜びを否定したりはしない。しかし仏教は、肉体的快楽や成功の喜悦の底に流れるものに目を向ける。快楽は消え去り、地位も名誉もやがては過去のものとなる。成功の喜悦にはすでに崩壊の不安が忍び込んでいる。快楽の消失は苦痛であり、幸福の崩壊は苦痛である。楽を享受しておりながらも、人は楽の崩壊に対して不安や恐れを抱く。このように崩壊のゆえの苦痛を「壊苦《えく》」と呼ぶ。

常住なるものを求め、また求めたものが常住であることを願うのが人の自然の性である。無常であると知っていながら、それでも人は常住なるものに固執する。ここに人間の苦悩の深さがある。無常なるがゆえの苦を「行苦《ぎょうく》」と呼ぶ。生じ滅するあらゆる事物を仏教では「行《ぎょう》」と言う。「諸《しょ》行《ぎょう》無《む》常《じょう》」の「行」である。「行苦」とは行であるがゆえの苦である。

苦の意義

人の心理はさまざまに変化する。楽に忘我し、苦に悲泣し、希望に膨らみ、落胆に沈む。どれが自己の姿であるのか。どこに人としての統一が保たれるのか。ブッダは自らを凝視し、自己の統一を「苦」の中に見いだした。常に生滅に逼迫されている自己が、ブッダの見いだした自己の真の姿であった。これは苦の洞察の深化の結果であった。生滅が不可避である以上、苦も不可避である。人は引き受けなければならないものとして苦の中に投げ入れられている。それゆえに苦は受動的であり被投的である。

しかし仏教の苦は単なる受動からは生じてこない。生滅は事実であるが、その事実の洞察がなければならない。さらに生滅を「苦である」と感じるには精神の深化がなければならない。それゆえ苦の実感は苦智と呼ばれる。しかも苦は自己を形成していく能動の力でもある。苦を厭い、楽を願うことが、苦を越えた新たな自己を形成していく根元的な力になる。苦の中に創造的に自己を形成していく力を認めるのである。この能動的な作用の中にブッダは人間存在の本性を見いだしていった。

こうして仏教は苦の中に形而上学的な自己統一を認め、それと同時に、創造的な自己認識を見いだす。苦は人間存在の根源態とされるのである。

この苦において輪廻は体験されている。それは苦の恐れでもなければ、楽の期待でもない。「予想」を越えた「現実」である。この「苦の現実」の中に「輪廻の事実」を見るのである。

四諦　仏教では苦は人間存在の根源態とされる。これを苦諦《くたい》と呼ぶ。諦《たい》のパーリ語はサッチャ(sacca)であり、「真理」を意味する。諦には四種類があり、四諦と呼ばれている。苦諦、集諦《じったい》、滅諦《めったい》、道諦《どうたい》である。集《じゅ》とは苦の原因を意味する。滅は苦の消滅した涅槃を意味する。道は涅槃へ導く道を意味する。苦は人の真実の姿である。その苦は原因なしに生じているのではない。苦には原因がある。これも真実である。人は苦に閉ざされているばかりではない。苦から解き放たれた境地がある。これも真実である。苦の消滅に導く道がある。これも真実である。苦の自覚があれば苦の根源が探求され、苦を生滅させる道が求められ、苦の消滅した境地が実現される。ここに人の存在の根源態を見るのである。

研究者によれば、四諦の教えは医療の実践に倣ったものといわれる。自覚症状があっても、病気であるという認識がなければ人は治療を行わない。たとえ自覚症状がなくても、病気であるという認識があれば人は治療に専念する。病気という認識があってはじめて病気の原因が調べられ、病気を治す道が求められる。こうして病気は治癒していく。

輪廻は苦として体験され自覚される。苦の自覚がなければ輪廻からの解脱もない。ヴァッジ長老は自らの体験を歌っている。

「暗愚の凡夫は、聖諦を見ずに、長い世を輪廻し、諸趣の間を転生してきた。不放逸に努めた私には、輪廻は破られ、すべての趣は根絶され、今や再有はない」（『長老の詩偈』第二一五－二一六偈）

それゆえに、輪廻からの解脱は四諦と結びつけられている。

「苦しみを知らず、また苦しみの生起するもとをも知らず、また苦しみのすべて残りなく滅びるところをも、また苦しみの止滅に達するかの道をも知らない人々、かれらは心の解脱を欠き、また智慧の解脱を欠く。かれらは（輪廻を）終滅せしめることができない。かれらは実に生と死とを受ける」（『スッタニパータ』第七二四－七二五偈）

『スッタニパータ』第七二六－七二七偈では四諦を知った人々は、心の解脱と智慧の解脱とを具現し、輪廻を終滅させることができると説かれる。苦の自覚があってはじめてそれからの解脱が求められていく。苦諦は厭世観ではない。それは真に創造的な生き方の根元である。

生存の永遠の繰り返し

このように輪廻は苦の自覚によって体験される。しかし、苦の自覚が解脱への第一歩であるなら、輪廻を説く必要はないのではないか。苦だけでなく輪廻をも説く意味は何か。

輪廻は生存の永遠の繰り返しを説く。生存は一回性のものではない。永遠に繰り返される。今の生はその繰り返しの中の一こまにすぎない。苦もまた今生限りのものではない。過去世は苦であり未来世も苦である。有情は永遠の苦の中にいる。それを表しているのが「輪廻」である。

ここで私たちは問わずにいられない。時間が永遠に続くであろうことは証明できないが、しかし想像はつく。また、人類もある程度は生存し続けるであろうと想像できる。しかし私の生存が、この世の生存時間を越えて永遠に続くということは想像がつかない。何を根拠にして仏教は生存の永遠性、すなわち輪廻を説くのだろうか。

輪廻の実在は論証できない。繰り返し説いているように、それは体験されるだけである。いかなる体験において生存の永遠性は体験されているのであろうか。

ミリンダ王は、永遠に続く時間の起源を尋ねている。

「過去の時間の起源は何ですか。未来の時間の起源は何ですか。現在の時間の起源は何ですか」

「過去の時間と未来の時間と現在の時間の起源は無明です。無明を縁として行《ぎょう》（形成力）が生じ、行を縁として識《しき》（認識作用）が生じ、識を縁として名色が生じ、名色を縁として六処《ろくしょ》（六つの認識領域）が生じ、六処を縁として触《そく》（感官と対象との接触）が生じ、触を縁として受《じゅ》（感受）が生じ、受を縁として愛《あい》（妄執）が生じ、愛を縁として取《しゅ》（執着）が生じ、取を縁として有《う》（生存）が生じ、有を縁として生《しょう》（誕生）があり、生を縁として老・死・憂い・悲しみ・苦しみ・悩み・悶えが生じる。このようにしてこのすべての時間の始源は認識することができない」（50頁）

この問答はかみ合っていないと思われるかもしれない。なぜなら、時間の起源を問われて、ナーガセーナ長老は存在の起源を答えているからである。

じつはここに仏教が時間をどのように考えているのかが現れている。仏教は、時間という特殊な実体をたてない。時間は有為法すなわち形成されたものとともに現出することが説かれる。時間は、生滅の過程にあるもの、因果の関係の中にあるものに存在する。存在に先立って時間が存在するのではない。時間は実体的に存在するのでもなく、存在の形式として先験的に存在するのでもない。存在に即して時間がある。

ではその存在とは何か。ナーガセーナ長老は十二の支から成る縁起(十二支縁起)をあげている。

存在の始源

縁起とは、まず第一に存在の相関性をあらわす。原始経典の中では、「これがあるときにかれがあり、これが生じるときにかれが生じる。これがないときにかれはなく、これが滅するときにかれが滅する」と要約されている。これは存在一般に共通する存在の原理である。しかし縁起はそれにとどまらない。その存在の原理は人の存在の原理にほかならない。縁起は、人間生存のあり方を相関性の原理に基づいて追求したもので、もはや存在一般の相関性でなく、人間存在そのものの構造である。

無明から老死までの十二は縁起の支(アンガ)といわれる。アンガは部分という意味と同時に「かなめ」という意味でもある。人間存在を構成している「かなめ」という意味である。人の生活にはさまざまなことが起こる。そのさまざまなことの中から「かなめ」となる十二を選びだしたのである。人生は究極のところ、苦である。人間は苦悩の中に生きている。老死の中に苦悩が象徴的に説かれている。苦悩を具体化したのが憂い・悲しみ・苦しみ・悩み・悶えである。苦悩の現実から出発し、その原因を追求してたどりついたのが無明である。苦悩の存在の起源は無明とされる。ナーガセーナ長老は無明を起源とする十二支縁起をあげた後で、「このようにして、すべての時間のはじまりは認識できない」という。

「時間のはじまりは認識できない」とは、「無明のはじまりは認識できない」という意味である。なぜならナーガセーナ長老は、先には時間の本質が存在であることを説き、今ここでは存在の起源は無明であると説いているから。

無明の始源

ではなぜ無明のはじまりは認識できないのか。ミリンダ王は「それについて、たとえを述べてください」と、長老に比喩による説明を求めている。長老は、種子から樹木、樹木からふたたび種子、卵から鶏、鶏からふたたび卵という生き物の連続の比喩を持ち出している。

しかし長老の答えには議論のすり替えがある。存在の円環においてはどれもが始源であり、同時にどれもが始源でない。それゆえこれは存在の連続を示しうるが、無明のはじまりが認識できないことを示しえない。ナーガセーナ長老は無明が存在の起源であると言明している。問われているのはその無明のはじまりである。ミリンダ王はふたたび尋ねている。

「尊者ナーガセーナよ、あなたは『始源は認識することができない』と言われましたが、その始源とは何ですか」

「大王よ、過去の時間がその始源です」

「尊者ナーガセーナよ、あなたは『始源は認識することができない』と言われましたが、尊者よ、始源はすべて認識できないのですか」

「大王よ、あるものは認識され、あるものは認識されません」

「尊者よ、それではいかなるものが認識され、いかなるものが認識されないのですか」

「大王よ、それよりも以前には全然いかようにも無明が存在しなかったというこの始源は認識されません。しかし以前には存在しなくてもいま生じ、存在してふたたび滅びるというもののこの始源は認識されます」（51頁）

ミリンダ王が時間のはじまりを尋ねたのに対して、ナーガセーナ長老は「無明の始源は知りえない」と言って、無明をもってそれに答えている。長老の答えは先の答えと同じであり、これでは議論が進展しない。長老の答えは歯切れが悪い。

無明の自覚

では「無明のはじまりは知りえない」とはどのような意味なのか。後世の註釈家ブッダゴーサ（五世紀前半）が二種の答えを用意している。その一つは『中部経典註』（中部経典の註釈書）に見られる。

「輪廻が無始であることが証明されている。どのようにしてか。漏の集起によって無明の集起があり、無明の集起によって漏の集起がある。このように漏は無明の、無明は漏の縁である。それ故、無明の過去の限界は知られない」

ここでは、漏《ろ》と無明との二つのものが説かれる。そのうちで漏とは煩悩の別名であり、煩悩が漏れ出る様子をとらえて漏と言う。無明と漏とが併記されるとき、無明は知的な面で迷うこと、漏は情意的な面で迷うことを表していると考えてよい。無明という知的な面の迷いは、漏という情意的な迷いによって生じ、また漏は無明によって生じると言い、無明と漏との相互因果の無窮をもって無始であると答えている。この答えについて私たちは二つの点に注意すべきである。

第一に、無明と漏との相互因果の無窮は、因果性の要求する時間的遡源を捨て去っている。ここでは無始とはもはや時間的にはじめがないという意味ではない。

第二に、無明と漏との因果無窮は煩悩の自覚によって成り立っている。知的な面での迷いは情意的煩悩によって深められ、情意的煩悩は知的な面の迷いによって深められる。両者は相互に縁となって煩悩は一層深くなる。

この煩悩の自覚に始源はない。無明の深さは漏の深さによって自覚され、その無明の深さの自覚が漏の深さの自覚をさらに深めていく。自らの心に広がる煩悩の黒闇をひとたび自覚してみると、人はその黒闇の深さに限界のないことを知らしめられるのみである。無明は十二支縁起の始源におかれても、無明の無限性の自覚のゆえに、それは無始源となる。ここに輪廻の無始が煩悩の無窮の自覚という実践的意味に置き換えられていることがわかる。

『清浄道論』では、別のアプローチから輪廻の無始と十二支縁起の無明始源との調和がはかられている。

「これは［無明を］最初とする説ではない。これはただ主要なものとして［最初に］説いたのである。……このように［無明を］最初におくのは、それにとらわれれば［心の］束縛があり、それを放てば離脱があるところの［無明］が［縁起支の中で］主要なものであることを説いたのであり、［時間的に］最初であることを説いたのではない」

ここでも輪廻の始源の無限は客観的時間の始源に求められず、輪廻にとって無明が最も重要であるという自覚に求められている。それは自己の内なる無明の深さの自覚であり、輪廻の無始が煩悩の無窮の自覚という実践的意味に置き換えられている。

外的事象（輪廻、生存の無限の繰り返し）を実証的に証明することはできない。それは内的事実、すなわち自覚によって証明されるのみである。苦の体験が輪廻の事実を証明し、無明の無限の深さの自覚が生存の無限の繰り返しを証明する。

輪廻思想の意義

輪廻思想は倫理的実践のために仏教内に取り入れられた、とする見方がある。確かに輪廻には倫理的意味がある。しかしそれだけではない。このように苦の自覚が輪廻の自覚であるなら、輪廻は単に倫理的要請にとどまってはいない。倫理的要請なら、輪廻は否定される必要はないだろう。また「苦」は倫理的な要因ではない。

輪廻は人間の自己の存在の認識を表している。それには三つの要因がある。倫理の自己自制と苦の自覚と無明（煩悩）の無限性の自覚とである。このような自己認識があって「長寿・短命、多病・少病、醜・美、貧・富などの現世の差を自己の業の結果である」と認めることができるようになる。そして、そのような自己認識があってはじめて解脱への道が可能になる。輪廻を説く目的がここにある。

輪廻を越えたという自覚は何か

その輪廻をブッダは、そして多くの仏弟子たちは越えたという。「輪廻を越える」ということについて、私たちはさまざまな疑問を持つだろう。その疑問を明確にすることから考察を進めていこう。疑問が明らかでなければ、答えも明らかにならないと考えるからである。

輪廻が別の生涯への転生を無限に繰り返すことであるなら、輪廻には、何よりもまず転生する主体が存在しなければならない。現に長老たちは、「私は……多くの生と輪廻を馳せ巡った」（『長老の詩偈』第七八偈）などの表現で、自らがその主体であったことを述べている。それゆえに輪廻する主体がなくなれば輪廻もなくなることになる。それでは主体がなくなるとはいかなることか。輪廻を繰り返していたと自覚される自己と、それから解脱したと自覚される自己との間に、なんらの生理的物理的変化はないはずである。何の変化もなしに輪廻を脱するという「変化」も起こりえない。どこにどのような変化が起こっているのか。何ゆえに「輪廻を越えた」と彼らはいうのか。輪廻を越えたという自覚はどこから出てくるのか。

先に見たように、ナーガセーナ長老は、「煩悩があり、執着を持っている人は輪廻し、煩悩を持たず、執着を持っていない人は輪廻しない」と答える。経典の中にもいろいろな表現で輪廻の原因が説かれている。それを要約すれば輪廻の原因は無明と渇愛である。そうであるなら、無明と渇愛とがなくなれば輪廻はなくなることになるだろう。

しかし、無明と渇愛とがどうして輪廻の生滅の原因になるのか。無明と渇愛とは人の内なる心理的現象であり、他方、輪廻とは人の外なる実在であろう。心理的変化によって実在が生滅するということは論理的に不可能である。

有我輪廻の矛盾点

無我論と業論・輪廻論とは矛盾するという批判だけがとりざたされている観があるが、有我論と業論・輪廻論との間にも矛盾があることを指摘しておきたい。もし「我」が主体者であるなら、それは他からの支配を受けない自由者でなければならない。有我論の輪廻論によれば、我の輪廻は我の自発性によるものではなく、業を原因とする。業は主体者である我によってつくられるが、つくられた業は我の外なるものであり、我の本質に属さない。業果の受者は我である。我は主体者でありながら、自らの自由によって果を受けるのではなく、業果の必然性によって受ける。輪廻させる原因も業であり、解脱させる原因も業である。業によって輪廻と解脱との両方が決まる。主体者である我が、我の外なる業果の必然性に支配されて輪廻する。これは矛盾である。主体者の自由と業果の必然性とは両立しないのである。しかしこの矛盾を犯さなければ、我の輪廻も解脱も成立しない。

なぜなら、輪廻の原因を、業でなく我の本質に求めれば、今度は解脱が成立しなくなるからである。すなわち我とは本質的に輪廻するものであるとすると、その我が解脱することはありえなくなるのである。

生まれ変わるものは何か

仏教は「我」を認めない。それでは輪廻していくものは何なのか。ミリンダ王がナーガセーナ長老に尋ねている。


「尊者ナーガセーナよ、次の世に生まれかわるものは何物なのですか」

「大王よ、実に名色が次の世に生まれかわるのです」

「この〔現在の〕名色が次の世に生まれかわるのですか」

「大王よ、この〔現在の〕名色が次の世に生まれかわるのではありません。大王よ、この〔現在の〕名色によって、善または悪の業を行い、その業によって他の〔新しい〕名色が次の世に生まれかわるのです」（46頁）

有我輪廻説では「我」が身体と結合することが輪廻であり、身体を離れた状態が解脱となる。それゆえに次の世に生まれかわるものは「我」である。ここでミリンダ王は輪廻の主体を尋ねているのである。

これに対してナーガセーナ長老は、次の世に生まれかわるものは名色であると答える。名色とは五蘊である。これは「我」の否定である。「我」なしに、生ける者（有情）という現象が生まれてくる、「我」なしに輪廻があるというのである。それでは同一不変の名色が輪廻して来世に生じるのか、とミリンダ王は尋ねる。それに対して、この世の名色とは別の名色が生じると答える。五蘊が時間空間的存在であることを意味する。超時空的な何かがこの世から次の世へ移るのではない。ミリンダ王はそれを確認している。

「尊者ナーガセーナよ、移転するのではなく、生を結ぶのですか」
「そうです、大王よ。移転するのでなく、生を結ぶのです」（71頁）

輪廻と倫理は両立するか

現世から来世へと続くものがなければ、倫理は成り立たないのではないだろうか。無我を主張する仏教が常に受けてきた批判がこのことであった。同じ批判をミリンダ王も繰り返し行っている。

「尊者ナーガセーナよ、次の世に生まれかわるものは何物なのですか」
「大王よ、実に名色が次の世に生まれかわるのです」
「この［現在の］名色が次の世に生まれかわるのですか」

「大王よ、この［現在の］名色が次の世に生まれかわるのではありません。大王よ、この［現在の］名色によって、善または悪の業を行い、その業によって他の［新しい］名色が次の世に生まれかわるのです」

「尊者よ、もしもこの［現在の］名色が次の世に生まれかわるのでないならば、人は悪業から免れることになるのではありませんか」

「もしも、次の世にまた生まれることがないなら、人は悪業から免れるでありましょう。大王よ、しかしながら［実際には］次の世にまた生まれるが故に、悪業から免れないのです」（46頁）

これはこの世と同じ名色が来世に生まれなければ、業の倫理性は成り立たないという批判である。ミリンダ王の考えでは、この世と同じ名色が来世に生まれるから、業の倫理性が成立するのである。これに対してナーガセーナ長老は、超時空の「我」を想定しなくても、五蘊説によって輪廻が成り立つことを言おうとするのである。長老は同じことを繰り返している。

「大王よ、この名色によって、善または悪の業を行い、その業によって他の名色が［次の世に］生を結ぶのです」（46頁）

ミリンダ王は、同じものが生まれかわるから倫理が成立する、と言う。これに対してナーガセーナ長老は、同じものが来世に生まれれば現世と同じになるから倫理は成立しない、別のものが生まれるから倫理が成立する、と言う。

かみ合わない議論

両者は全く逆のことを主張している。しかし注意深く両者の主張を見ると、その議論は全くかみ合っていないことがわかる。

ミリンダ王が「同じもの」と言うとき、それは「我」を指している。時空を越えた「我」が転生するから倫理は成立する、とミリンダ王は言う。同じ「我」が転生しても、生存のあり方は前世の業によって異なるから倫理は成立するというのである。

これに対してナーガセーナ長老が言う「同じもの」とは同じ五蘊である。現世と同じ五蘊が来世に生じるなら、善業を積もうが悪業を重ねようが、来世の境遇は現世と同じものとなるから倫理は成立しないが、前世の業によって前世とは異なった五蘊が生じるから倫理は成立する、というのが長老の主張である。

「同じもの」と言いながら、両者は全く異なった基盤に立っていることがわかる。両者の議論はかみ合わないままに、倫理性だけは成立させている。

業の倫理性は有我論から導き出されたものでもなければ、無我論から導き出されたものでもない。前述のように業の倫理性は人倫の要請である。

ミリンダ王は無我論と業の倫理とが両立するかの問題ばかりを尋ねているという印象を与える。それに対してナーガセーナ長老は両者の両立を説くことに懸命になっており、五蘊の輪廻を積極的に説こうとしていない。

しかし五蘊の輪廻が仏教の輪廻の解答である。私たちは後ほどその答えをもう少し細かく見ていこうと思う。その前に一つ問うべきことがある。

業因と業果をつなぐもの

業は一時的な出来事である。行為が終われば業も終息する。しかし業の果が生じるまでの間、業が何らかのかたちで存続していなければ、あるいは果を生じさせる何らかの力が存在しなければ、業果は生じることができないのではないか。ミリンダ王は業因と業果とを結びつけるものが存在するのか否かを尋ねる。

「尊者ナーガセーナよ、これら名色によって善あるいは不善の業がなされる。それらの業はどこにとどまるのですか」

「大王よ、あたかも影が［形に］離れないように、それらの業は［名色に］随伴しているのです」

「尊者よ、それでは『それらの業はここにある、あるいはそこにある』と言って示すことができますか」
「大王よ、『それらの業はここにある、あるいはそこにある』と言って示すことはできません」
「比喩を述べてください」
「大王よ、これらの樹木がいまだ果実を生じていないときに、『それらの果実は』ここにある、あるいはそこにあると言ってそれらの果実を示すことができますか」
「尊者よ、できません」
「それと同じように、大王よ、相続が断たれないうちは、それらの業はここにある、あるいはそこにあると言ってそれらの業を示すことはできません」（72頁）

業因と業果を結びつけるものの存在は、後の部派仏教において、さまざまな部派によって考え出されている。経量部《きょうりょうぶ》は業因と業果を結びつけるものとして「種子《しゅうじ》」を考えた。業を行うとそれによって「種子」と呼ばれる存在が形成され、それが保持されてその種子から果が生じてくる、と説明されている。

パーリ上座部の業論には業因と業果をつなぐ存在が認められていない。このことはすでにナーガセーナ長老によって答えられている。「相続が断たれないうちは、それらの業はここにある、あるいはそこにあると言ってそれらの業を示すことはできない」とナーガセーナ長老は言う。相続がある限り業因と業果はつながるので、他のものを考える必要はないという意味である。

これについて私たちは、樹から果実が生じるのは確かだが、相続により果が生じるのなら、因と果とをつなぐはたらき、あるいは力が相続の中に保持されていなければならないのではないか、と思うかもしれない。これについてナーガセーナ長老は何も語らない。

縷説《るせつ》しているように、「業果がある」というのは倫理的自覚の問題である。それゆえに因と果とを結びつけるものも倫理的自覚に属する。これに対して五蘊の相続は存在の問題である。その五蘊の相続の中に、倫理的自覚に属する因と果とをつなぐものを持ち込むことはできない。ナーガセーナ長老は五蘊の相続は「最後に識に摂される」（40頁・41頁）と言っている。意識に摂されてはじめて全体という知覚となる。五蘊の相続のうちに苦楽が生じる。苦楽が意識に摂されて「因があった」「果を受けた」と認識される。これに対して「種子」は相続の中で意識に摂されない。「業を行った」ということを体験として知覚する。「苦受を感じた」という体験を持つ。しかし「業の種子が相続している」ということは体験できない。倫理的自覚の立場からは、「業の果がある」という自覚があれば、業の倫理性は成り立つ。それゆえにパーリ上座部は、業の因と果とを結ぶものを考えなかったのであろう。

このように主体者を否定し、主体者をさまざまな構成要素の集合の中に解消すると、今度は多元論の矛盾があらわになる。すなわち多元の統一はどうして保てるのかという問題である。

多元論の矛盾点

存在を諸要素の集合とみるのが多元論である。その究極的な説をパクダ＝カッチャーヤナに見ることができる。彼はブッダと同時代の思想家の一人である。彼は不変の実在として地・水・火・風の四元素（四大《しだい》）に苦・楽・命の三要素を加えた七要素（七身説）を認める。

多元論では、構成要素が集まって一つの統一体ができると考える。例えば、彼と同時代の思想家であるアジタの唯物論においては、四元素の集合によって人間という一つの統一体ができるという暗黙の仮定があった。パクダはこの仮定を否定する。多はどこまでいっても多であり、多が統一体に変化することはない。統一体になるには、ならしめる何かが存在しなければならない。それが存在しない以上、四元素が集まって人間になるということは成立しない。したがって人間という存在もない。人が存在しない以上、殺人ということもありえない。「人を切っても、刀は諸元素の間隙を通り抜けるだけだ」と彼は主張したと伝えられる。

多が集まって一つの統一体をつくるというのが多元論である。多元論は押し進めていけば、自らの否定になる。また他面では、これが「我」の存在を認めなければならない理由になる。多元論の矛盾に答えていくのが縁起の理論である。

相続

過去の私と今日の私とは同じ人間であるとはいえない。そこには変化があるからである。それでは過去の私と今日の私とは全く無関係の別人かといえば、そうではない。過去の私と今日の私とは別人だということも現実離れした空論である。

変化しているから同一であるとはいえないが、しかし私は私であることもまた疑うことのできない事実である。それではなにゆえに「私は私である」といえるのかといえば、そこに相続があるからである。

「尊者ナーガセーナよ、再生した者は〔死亡した者と〕同一ですか、それとも別異ですか」

「大王よ、それは同一でもなく、また別異でもありません」

「比喩を述べてください」

「大王よ、例えば搾られた牛乳がしばらくすると酪に変わり、酪から生酥《しょうそ》に変わり、生酥から醍醐に変わるでしょう。大王よ、もし牛乳は酪とは同一であり、生酥と同一であり、醍醐と同一であると語る人があるなら、かれは正しいことを語っているのでしょうか」

「尊者よ、そうではありません。それに依存して〔別のものが〕生じたのです」

「大王よ、このように事象の相続は継続するのです。〔生じたものとは〕別のものが滅し、前ならず後ならずして相続します。そして同一のものでなく別異のものでもなく、最後に識に摂され

るのです」(40－41頁)

刹那

仏教では時間の最も短い単位を刹那《せつな》と言う。刹那とはサンスクリット語のクシャナの音を写した語である。部派によって数え方に相違があるが、パーリ上座部によれば、精神的存在とは生じるのに一刹那を要し、次の一刹那とどまり、次の一刹那の間に生滅するとされる。この三刹那が精神的存在(名《みょう》)の寿命とされる。三刹那の存在期間が終わると別の精神的存在が生じ、三刹那の後に滅する。これを繰り返す。物質的存在(色《しき》)は精神的存在の十七倍の寿命を有するとされ、五十一刹那ごとに生滅を繰り返している。この時間はきわめて短く、その間に存在の運動が認められていない。物体が運動しているように見えるのは、後の物質的存在が先のそれよりもわずかに異なった場所に生じるからである、と説明される。

不一不異

相続とは五蘊が刹那の生滅を繰り返しながら連続していくことであるが、それは単に続くことではなく、そこに因果の連関があることを意味する。過去の私と今の私とは同一ではない。しかし、過去の私が原因となって今の私がある。この因果の相続があるから、過去の私と現在の私とは別異ではない。

一壺のミルクがヨーグルトになったとする。ミルクとヨーグルトとは別異であるが、ミルクがあってはじめてヨーグルトがある。ここに因果の関係が成り立つ。それゆえに両者は不異である。このように因果の相続により不同であり、かつまた不異である。姿を変えながら連続していく五蘊の流れは意識によって一つの全体として認識される。「最後に識に摂される」(41頁)は、「一つの全体として認識される」という意味に理解すべきであろう。その識もまた連続している五蘊の中の一つの存在にすぎない。このように、相続により同一性が保たれるとパーリ上座部は主張する。これは経験に基づく論理である。

相続から縁起へ

ナーガセーナ長老はミルクからヨーグルトへの変化で相続を説いたが、ミルクは放置しておいても、ヨーグルトになるというものでもない。ミルクからヨーグルトへの変化には、乳酸発酵に必要なさまざまな条件が重なっている。人の手で条件を調えてやることもあれば、自然に条件が調う場合もある。この条件がそろわないと、ミルクはたいてい腐敗するであろう。腐敗するのも腐敗するだけの条件がそろうからである。このように考えると、ミルクというのも一時の姿にすぎない。ミルクとして在るだけの条件がそろっているからミルクとして在るのであり、ミルクという不変の実体があるからミルクとして在るのではない。

このように諸条件の集合によって、現象が起こってくることを「縁起」と言う。同じことはこの「私」についても言える。今の私が今の私でいるだけの条件がそろっているから、今の私がある。

より厳密に言えば、今の私という現象が起こるだけの条件がそろっているから、今の私という現象が起こっている。「私」という実体があるから、今の私という現象が起こっているのではない。それゆえに「私」とは、過去から今に至るまでの私と私をとりまいていた条件の総体の総称にすぎない。これが無我の真意である。無我の内容は縁起である。

このような理解は縁起という言葉の語義解釈の中に現れている。縁起の原語はパティッチャサムッパーダ (paṭiccasamuppāda) である。この語はパティッチャ (paṭicca) とサム (saṃ) とウッパーダ (uppāda) という三つの要素からなる。そのうちのサム (saṃ) の語は次の二つの意味に解釈されている。その一つは「ともに」(saha)、「一緒に」(sahita)、「正しく、原因を有して」(sammā)、「平等に、欠けることなく」(samaṃ) である。これらは原因となる諸法、あるいは結果となる諸法が一つの現象として、時間的・場所的に統一性を持っている、ということを表している。

それは何らかの主宰者によって統一されているという意味ではない。現象界は刹那刹那に転変してやむことがない。しかし一つの現象は、その刹那においては他のものでありえないという絶対性を持っている。縁として存在する諸法も果として存在する諸法も、その絶対性のもとに統一されており、他の法と取り替えられるものではない。その意味で、諸々の構成要素、諸々の条件はともにある。また、一つでも欠ければ別の現象が生じるという意味で、どの条件もどの構成要素も平等の存在価値を持つ。

さらにサムは「結合するもの」(sambandha) の意味でもある。これは因果の結合性・連続性を表す。因果が一体として統一されていることをいう。因は因としての統一性を保ち、果は果としての統一性を持っている。その因と果が、因から果への連続として一つの統一のもとにある。このようにしてサム (sam) は統一され、一体化されている姿を表している。

構成要素は独立した存在 (別異) でありながら、他に対する縁として、また果として、他との同一の中にのみ存在しうる。別異を離れて同一はなく、同一を離れて別異はない。これは一元論と多元論の両極端を離れた中道である。

五蘊の永遠の連続

このように不一不異の五蘊の生滅が過去から未来へと連続していく。存在するのは五蘊の連続である。これを理解するとき、以下の『清浄道論』の謎のような詩偈が理解できる。

「業の行為者あることなく、また果報の受者［あることなし］、単に諸法のみが生起する。これが正見である。このように業と果報とが有因にして生起しつつあるとき種子と樹などのように、前際は認められない」

業の行為者という一つの実体すなわち「我」が存在するのではない。業果の受者という一つの実体が存在するのでもない。存在するのは五蘊の無限の因果相続である。この相続全体のなかの、ある特定の時の五蘊を行為者と呼び、また別の時の五蘊を受者と呼んでいるにすぎない。

「業は異熟の中になく、異熟は業の中にない。両者は互いに空であり、しかも業なしに果はない」

存在するのは五蘊の無限の相続であるから、業があるときにはいまだ果報はなく、果報があるときには業はすでにない。しかも業があってはじめて果報がある。

業と無我

人格的主体（我）を認めずに、どのようにして業果の必然性が成立するのかというのが仏教の無我論への批判の中心であった。しかし説いてきたように、業果の必然性は倫理的要請であり、有我か無我かという存在の問題ではない。それゆえに業論と無我論との間にもはや矛盾は存在しないといえる。

そこで次に問うべきは、業と無我とがどのような関係にあるかということである。すでに述べたように無我の内実は縁起である。したがって、業と無我との関係を問うことは、業と縁起との関係を問うことになる。

ブッダゴーサの『清浄道論』の中に、人の存在が縁起という構成諸要素の関係性の中の現象であるなら、業がなくても構成諸要素があるだけで果が生じるのではないかという疑問が取り上げられている。ブッダゴーサはこれに答えて、業なしに果のないことを説いている。

すなわち『清浄道論』に言う。


「諸行が行われてはじめて自らの果の縁となるのであり、ただ単に存在しているだけで、または存在していなくて「縁となるので」はない」


行《ぎょう》（サンカーラ）の語は多義であり、研究者をまどわせるが、ここでの行は業と同義である。仏教は「我」を認めず、さまざまな構成要素の関係のしかたによって人間の存在を説明する。それが縁起であり無我の内実である。無我は構成諸要素が刻々とその関係のしかたを変え、変化していく活動態である。

パーリ仏教は無我の活動態を構成諸要素の関係のしかたの相違によって二十四種類の多きに分類している（これは「二十四縁説」と呼ばれる）。私たちにはそれほど細かな分類は必要ないであろう。その活動態を三種に分類すれば十分であろう。すなわち、心身の諸要素の集合、認識作用、形成していく作用である。

心身の諸要素の集合とは、諸構成要素が集合して、人という生存の形態を形づくることを指す。認識作用とは人がさまざまな対象を認識する作用である。

形成していく作用とは、未来に向かって人生を形成していく力である。それは欲望、怒り、愚かさに代表される悪であり、欲望のないこと、怒りのないこと、愚かさのないことに代表される善であり、あるいは善・不善の業を行い、あるいは善・不善を超越して解脱へ向かい、このようにして人生を形成していく能動的な作用である。

人間の存在を形成していく作用の中でもっとも強く重要なものが業である。このことはすでにニカーヤに説かれている。ここでの行も業と同義である。『長部経典』に言う。


「すべての有情は食べ物を根底とし、すべての有情は行を根底とする」

このように考えれば、業は無我と矛盾するものではない。無我であるから業が成り立つ。業は無我の内実の一部である。

縁起の水の上を動く業の船

業と縁起即無我との関係を一つの比喩で説明してみたい。ここに一艘《そう》の船がある。エンジンを備え、燃料を積み込み、乗員が乗り込み、自由に動ける船である。この船は乗員の意志と一体となって前にも、後ろにも、右にも左にも自在に進むことができる。

しかし船が自由に動けるのは水上にあるときのみである。水があるから船は動くことができる。自由に動く機能を持ちながら、水の制約から自由になることはない。船は業を表す。水は縁起を内実とする無我を表す。業がはたらきうるのは縁起即無我の上にあるからである。水の上に船が動いているところの、その全体が縁起の世界であり無我の世界である。このような全体像を頭に描くとき、仏教の業論は無我論の中に包摂されていることが理解できるであろう。

業と意志の活動

この業が心理的に自覚されたものが「意志」（思《し》、cetanā）である。私たちの日常の世界で、対象物はただ見られ、聞かれ、嗅がれ、味わわれ、触れられ、知られるのではない。それは何らかのしかたで私たちの心理的活動を呼び起こす。私たちはある対象に対するとき、それに対して喜び、悲しみ、怒り、憎しみ、また恐れを感じたりする。このような対象に対する心理活動は、対象に即して言えば、個人の主観的な要求を満たしたり、あるいは否定したりする価値の世界の出現である。それは満足・不満足、快・不快、希望・恐れの世界であり、私たちの存在を肯定したり否定したりする世界である。他方、人の側に即して言えば、それは私たちの対象に対する主観的な価値の体験である。対象に対する私たちの心理的な肯定と否定をとおして世界の価値があらわになってくる。それは私たちが対象に対してとるところの主体的・能動的な態度である。

このように心理活動は私たちが対象にはたらきかけるとともに、対象によって私たちが限定を受けていることを内容としている。

例えば、ある人を「憎い」と思うとき、その人に対して「憎い人」という意味を付与しているのであるが、それと同時に憎しみにとらわれている自己の姿がある。このように「憎む」という心理活動は、憎いと感じられる対象と憎んでいる自己との相関関係の中に成り立っているから、同時的で平衡的である。

私たちはいつまでも平衡状態を保っているとは限らない。私たちは憎い相手を「罵ってやろう」と思うかもしれない。「殴ってやろう」と思うかもしれない。「憎い」という心理活動から、「罵ってやろう」あるいは「殴ってやろう」という意志の活動が生じてくる。この意志の活動が罵るという行為、殴るという行為に結びつく。むろん思いとどまることもあるだろう。仏教では「殴る」という行為を待つまでもなく、「殴ってやろう」という意志の活動だけで業である。この意志の活動としての業は意業と呼ばれる。

意志の活動（業）によって、平衡状態は打ち破られる。意志の活動は、満足・不満足あるいは希望・恐れとして人を規定している世界を、人のほうから意志的に新たに規定する活動である。人の主観の要求を肯定したり否定したりする世界を、逆に人のほうから新たに否定したり肯定したり、あるいは肯定したり否定したりする活動である。

このように意志の活動によって人は自己の未来の存在を形成していく。業は新たな人間の存在を形成していく原動力となる。

前述のように、人間の存在は縁起という存在の原理の中にある。その中にありながら、しばしば業のみが独立して取り上げられ、ときには「すべての有情は行を根底とする」とまで言われている。その理由は、意志の活動すなわち業の持つ、この形成していく力の大きさにある。

四　修行

ミリンダ王はナーガセーナ長老に対して、あなたは輪廻するのかしないのかと尋ね、それに対してナーガセーナ長老は、「煩悩があり、執着を持っている人は輪廻し、煩悩を持たず、執着を持っていない人は輪廻しない」と答えていた。

長老の言うところの「煩悩があり、執着を持っている」が具体的に何を意味しているかは、以下のように要約できるだろう。すなわち、存在するのは生滅しながら連続する五蘊のみである。この五蘊の連続という輪廻の本質を人は見誤る。五蘊の連続という存在の本質を見ずに、「我」があり主体者があると執着する。その執着のもとが無明である。そこから「私が輪廻する」という誤った考えが起こる。

輪廻が以上のようであるなら、輪廻を脱する修行の性格も明らかになるであろう。一言で言えば、それは智慧を育てていくことである。

ナーガセーナ長老は煩悩を断つ智慧と、智慧を助ける戒、信、精進、念、定の六つの精神的作用とをあげて説明している。これら六つの精神的作用は、煩悩を断つという同一の目的のために作用する。

仏教における出家者の修行は、戒、定、慧の三つ（三学と呼ばれる）に要約される。正しい生活習慣を身につけ（戒）、心を静め（定）、智慧を開くという三つの段階である。また信、精進（勤）、念、定、智慧（慧）は煩悩を断ち涅槃に向かわせる能力があるから五根（五つの能力）と言われ、また涅槃を獲得するすぐれたはたらきであるから五力とも言われる。ナーガセーナ長老があげた六つの精神的作用は、仏教教理の伝統をふまえたものである。

南方の修行僧／タイ・バンコクにて

戒

戒は正しい生活習慣を意味する。生活習慣が乱れていては、どのような修行もなしえないであろう。ナーガセーナ長老は次のように説明している。

「戒は一切の善の諸法がそこにおいて確立することを特質とする。……あたかも大地の上に種々の植物が生長し繁茂するように、戒に依存し、戒において確立して、五つのすぐれたはたらき、信、精進、念、定、智慧を実習する」（33頁）

信

信は正しいと確信して信頼することを意味している。仏教では、盲信は根拠のない信として否定されている。

「信は浄めることを特質とし、また躍入を特質とする。……信が生じているとき、それは五つの煩悩の覆いを滅し、覆いを離れた心は明澄、清浄、無垢となる。……例えば、修行者が他人の解脱した心を見て、『聖者の流れに入った位』(預流)、ないしは『アラカン(最高の聖者)のさとりの位』に躍入し、また、いまだ到達していないところに到達し、いまだ獲得していないものを獲得し、いまだ悟っていないものを悟るために修行するように、信は躍入を特質とする」(34-35頁)

精進(勤)

精進は善行に対して果敢であることを意味しており、精進に支えられた善行は失われることはない。

「精進は善を助けることを特質とする。精進によって助けられた一切の善の法は滅失しない。家が倒れそうなとき、他の材木でその家を支えるように」(36頁)

念

念は記憶力を意味する場合もあるが、修行の項目としては、注意力が備わって、忘失することのないことを意味している。

「念は列挙を特質とし、また注視を特質とする。……念が生じているとき、善と不善、邪と正、卑と尊、黒と白の反対の性質を持ったものを列挙する。すなわち、これらは『四つの専念の確立』である、これらは『四つの正しい努力』である、これらは『四つの自在力を使う根拠』である、これらは『五つのすぐれたはたらき』である、これらは『五つのすぐれた力』である、これらは『七つの悟りに役立つもの』である、これらは『八つの聖なる道』である、これは『集中』である、これは『観察』である、これは『明知』である、これは『解脱』である、と列挙する。それから修行者は学ぶべき法を学び、学ぶべきでない法を学ばず、親しむべき法に親しみ、親しむべきでない法に親しまない。大王よ、このように念は列挙を特質とする」（37頁）

「大王よ、修行者に念が生じているとき、利益になるものと不利益になるものとの道筋を追求する。すなわち『これらは利益になるものである、これらは不利益になるものである、これらは有益である、これらは有益でない』と追求する。それから修行者は不利益になるものを押しやり、利益になるものを注視し、有益でないものを押しやり、有益であるものを注視する。大王よ、そ

のように念は注視を特質とする」（37－38頁）

定

定（心の統一）は心を専注することを意味する。種々の対象に向かって散乱している心を内に向け、人の生存の根底にある無明の深さを知ることである。この意味で、定は善の首座にたとえられている。それは例えば、高楼の梁がすべて頂に集中するようであり、また軍隊が指揮官を首座とするようである、と説明されている。

「定（心の統一）は首座であることを特質とする。一切の善の法はことごとく定を首座とし、定に向かい、定におもむき、定に傾く。……『定に確立した者は物事をありのままに知る』」（38－39頁）

智慧

智慧は知ることであるが、この知るという作用が無明を滅ぼし、我への執着から人を解放する。智慧によって迷いの生活が終わりを告げる。仏教にあっては、智慧は単に客観的対象を知るという精神作用を越えた、極めて大きなはたらきを持つ。それは究極的なものである。

「智慧は切断を特質とし、また光照を特質とする。……修行者に智慧が生じるとき、智慧は無明の闇を破り、明知の光を生じ、知識の光明を現し、聖なる真理を明らかにする。それから修行者は、あるいは『無常である』、あるいは『苦である』、あるいは『無我である』と正しい智慧によって『すべての存在を』見る」(39頁)

これらの精神的作用によって「我」への執着を断つ。「我」への執着を断てば、存在するのは五蘊の生滅の連続だけである。「我」への執着がある者には輪廻への「期待」と「恐怖」がある。

五　涅槃論

仏教の目指すところは涅槃である。そのことをミリンダ王は知っていたようである。王は涅槃についてナーガセーナ長老にさまざまに質問しているが、それらは現代の私たちの質問でもある。

涅槃という言葉の意味

人生の苦悩から解き放たれた境地をインドでは一般に「解脱」と呼んでいるが、仏教ではしばしば「ニルヴァーナ」と呼ぶ（パーリ語では「ニッバーナ」）。漢訳仏典ではその音を写して「涅槃」（ねはん）と書かれる。『パーリ語英語辞典』(PTSD) には涅槃の語源が三種あげられている。

㈠ nir-√vā（吹く）より、ニッバーナは「［煩悩の火が］吹き消された状態」。
㈡ nir-√vṛ（覆う）より、ニッバーナは「覆いを取り去った状態」。
㈢ nir-vana（森林）より、ニッバーナは「欲の森林を抜け出した状態」。

しかし原始経典には、㈠、㈡の語源解釈を積極的に示す用例は見あたらない。㈢はパーリ上座部でしばしば説かれているが、これは「通俗語源学」上の解釈にすぎない。ニッバーナの語源は nir-

野外の涅槃像／スリランカのポロナルワにて

√vā あると考えられるが、吹き消すこと、吹き消した状態を意味するものではなく、単に「消えること」「消えた状態」の意味である。「灯火の消滅（ニッバーナ）のごとく、心の解脱があった」（『長部経典』）の例のように、それは解脱の境地にたとえられ、さらには解脱そのものを表す。漢訳経典でもニッバーナは「滅」「寂滅」「滅度」と訳され、ニローダ（nirodha）と同じ訳語が与えられている。

涅槃に関する問題

最初期の仏教において、涅槃がどのように考えられていたかについては、中村元博士の研究がある。それによれば、以下のようになっている。

(一) 涅槃は人からかけ離れ、たどり着きがたい境地でなく、むしろ近い境地であった。

(二) 涅槃は迷える凡夫の拠《よ》り所となる境地であり、大河の中の島にたとえられている。

(三) 涅槃は修行者によって実現されている境地である。

しかしながら現在の仏教においては、涅槃は人から遠く離れ、到達しがたい境地とみなされている。特に浄土教にあっては、涅槃は凡夫に無縁のものとされ、涅槃のための実践のみならず、涅槃の学問的論究も行われなくなっている。

このことは他方では涅槃の神秘化を促がす。涅槃は神秘的な能力を得た人だけが近づける境地と見なされ、その結果、いかがわしい似非《えせ》宗教者が人を惑わすという現状を生んでいる。

パーリ上座部においても、涅槃は非存在ではないか、あるいは涅槃は煩悩の滅尽にすぎないのではないか、という反問が繰り返し現れており、それに対してパーリ上座部の教義は涅槃は実在であると答えている。

この種の議論はパーリ註釈文献にしばしばみられ、また、十四世紀頃の著作とみられる『サーラサンガハ』の中にも涅槃の実在を説き、修行を鼓舞する記述がみられる。パーリ上座部においても、涅槃は次第に人々に縁遠い存在になりつつあったのでないかと想像される。

私たちが取り上げている範囲、すなわち『ミリンダ王の問い』の「前分」において、次の問答が行われている。

(一) 涅槃は滅無か。
(二) すべての人が涅槃を得るか。
(三) 涅槃の安楽をどのようにして知るのか。

涅槃は滅無か

涅槃は滅（nirodha ニローダ）という否定的な言葉で表現されるために、涅槃は存在しないのではないかという疑問が提出されている。


「尊者ナーガセーナよ、涅槃とは滅（ニローダ）のことですか」

「そうです、大王よ。涅槃とは滅のことです」

「尊者ナーガセーナよ、どうして涅槃は滅なのですか」

「大王よ、すべての愚かなる凡夫は、内外の［六つの］認識領域を歓喜し、歓迎し、執着しています。かれらはその流れによって運び去られて、生まれ・老い死ぬこと・憂い・悲しみ・苦痛・悩み・悶えから解脱せず、苦しみから解脱していない、と私は語るのです。大王よ、教えを聞いた聖なる弟子は内外の［六つの］認識領域を歓喜せず、歓迎せず、執着していません。かれがそれを歓喜せず、歓迎せず、執着しないとき、かれには渇愛は滅び、渇愛が滅びるゆえに執着が滅び、執着が滅びるゆえに生存一般が滅び、生存一般が滅びるゆえに生まれが滅び、生まれが滅びるゆえに老い死ぬこと・憂い・悲しみ・苦痛・悩み・悶えが滅びる。このようにしてこの全き苦の集まりが滅びるのである。大王よ、このようにして涅槃とは滅であります」

「もっともです、尊者ナーガセーナよ」（68－69頁）

ここでは内外の六つの領域に対する執着が消滅し、それによって渇愛ないし老い死ぬこと・憂い・悲しみ・苦痛・悩み・悶えが消滅した境地が涅槃である、と説かれる。

涅槃は滅か、という疑問が進むと、涅槃はすべての存在の消滅であり、それゆえに涅槃は実体の存在しないものでないか、という疑問に進んでいくであろう。すべての存在の消滅が涅槃であるというのは、むろん誤りである。この疑問は『ミリンダ王の問い』の「後分」に現れ、またパーリ註釈文献にも繰り返し現れている。参考までに『ミリンダ王の問い』をあげてみたい。

「大王よ、涅槃は業より生じるものとか、因より生じるものとか、時節より生じるものとか、すでに生じたものとか、未だ生じていないものとか、執受されたものとか、執受されないものとか、過去のものとか、未来のものとか、現在のものとか、眼によって認識されるものとか、……身によって認識されるものとか、と言われるべきものではありません」

「尊者ナーガセーナよ、それではあなたは涅槃は存在しない法であると示しました」

「大王よ、涅槃は存在します。［それは］意によって認識されるものです。正しく実践する者は清浄な智によって［涅槃を］見ます」

「比喩をもって私に明らかにしてください」

「大王よ、風は存在しますか」

「尊者よ、そうです」

「大王よ、さあ風を［その］色や形から、あるいは微細であるか粗大であるか、長いか短いかを示してください」

「大王よ、示すことはできません」

「それならば大王よ、風は存在しませんか」

「尊者ナーガセーナよ、風は存在します。しかしそれを示すことはできません」

「大王よ、それと同じように涅槃も存在します。しかし涅槃を示すことはできません」

「尊者ナーガセーナよ、比喩はよく示されました。私は涅槃は存在すると認めます」（268－271頁）

すべての人が涅槃を得るのか

「尊者ナーガセーナよ、すべての人が涅槃を得るのですか」

「大王よ、すべての人が涅槃を得るのではありません。大王よ、正しく実践し、熟知すべき法を熟知し、完全に知るべき法を完全に知り、断ずべき法を断じ、修すべき法を修し、現証すべき法を現証する人が涅槃を得るのです」

「もっともです、尊者ナーガセーナよ」（69頁）

「涅槃は存在しない」という反問に対して、涅槃は存在しないのではなく、修行によって得られるというのが仏教側の答えである。涅槃は道と不離のものであり、実践によっていつでも誰にでも証得されうるものとされている。

涅槃の安楽をどのようにして知るのか

「尊者ナーガセーナよ、まだ涅槃を得ていない者が『涅槃は安楽である』と知っているのですか」

「そうです、大王よ、まだ涅槃を得ていない者が『涅槃は安楽である』と知っているのです」

「尊者よ、どのようにしてまだ涅槃を得ていない者が『涅槃は安楽である』と知っているのですか」

「大王よ、あなたはどうお考えになりますか。手足をいまだ切断されたことのない人々が、『手足を切断することは苦である』ということを知っているでしょうか」

「尊者よ、そうです。彼らは知っているでしょう」

「どうして、知っているのですか」

「尊者よ、他人が手足を切断されたときの悲痛な声を聞いて、『手足を切断されることは苦である』ということを知るのです」

「大王よ、それと同様に、［まだ涅槃を得ていない人々でも］涅槃を体得した人々の声を聞いて『涅槃は安楽である』ということを知るのです」

「もっともです、尊者ナーガセーナよ」（69－70頁）

「涅槃は存在する」という主張の根拠として、経証（ブッダの言葉）が多用される。論理的証明においで経証がどれほどの意味を持つか、疑いなしとしない。しかし論証されるべき対象が涅槃となると、事情は逆になる。涅槃の論証に論理的証明がどれほど意味を持ちうるであろうか。涅槃は、その体得者によって証明されるほかはないであろう。

ミリンダ王は「まだ涅槃を得ていない者が『涅槃は安楽である』と知っているのか」と尋ねている。それに対してナーガセーナ長老は、「他人が手足を切断されたときの悲痛な声を聞いて、『手足を切断されることは苦である』ということを知るのと同様に、［まだ涅槃を得ていない人々でも］涅槃を体得した人々の声を聞いて『涅槃は安楽である』ということを知る」と答えている。ナーガセーナ長老の答えは単純であるが、これが真実であろう。

涅槃の実在を証明するもの

涅槃が存在するからこそ出離が可能であるということが、すでにブッダによって説かれたとされている。

『如是語』と『自説経』には次のようにある。

「比丘らよ、生ざざるもの（不生）、生成せざるもの（不起）、作られざるもの（不作）、無為（形成せられざるもの）がある。比丘らよ、もしもその生ぜざるもの、生成せざるもの、作られざるもの、無為（形成されざるもの）が存在しないならば、ここに生じたもの、生成したもの、作られたもの、有為《うい》（形成されたもの）の出離は認められないであろう。生ぜず、生成せられず、作られず、無為（形成されざるもの）が在るが故に、生じたもの、生成したもの、作られたもの、有為（形成されたもの）の出離が認められるのである」（中村元『原始仏教の思想（上）』352頁参照）

この一文は特殊な文章である。文意は「無為すなわち涅槃があるから、有為の出離が可能になる」というものである。有為の出離とは涅槃に至ることであるから、文意は「涅槃があるから涅槃が可能になる」ということになる。先の涅槃と後の涅槃とを矛盾なく解釈するには、「ブッダが先に涅槃を証したから、後の人が涅槃を証しうる」と解釈する以外にないであろう。

このように考えると、涅槃が存在するということが、仏教という宗教を成立させていることがわかる。むろん、このことはあらゆる宗教に言えることである。救いがあるから宗教である。救いのないものは宗教として成り立たないであろう。

問題はその救いが独善的であったり、あるいは神秘のヴェールに包まれていてはならないということである。救いが万人に開かれていること、言い換えれば救いへの道があること、そしてその道が「神秘」という闇におおわれず、白日のもとに公開されていることが求められる。仏教が修行の道を詳細に説く理由がここにある。

涅槃の実現

ではどのようにしてこの涅槃に到達できるのか。輪廻を脱することが涅槃に到達することを意味していた。それゆえ涅槃へ到達する方法は、すでに述べたとおり、無我を正しく理解し、無我を自らの生活上に体現していくことである。

現象は無常であり苦である。無常であるという事実を受け入れずに常住を願い、苦であるという事実に耐えきれずに楽を願う。これが人の苦悩をいっそう深くしていく。この情意的な誤りが渇愛と呼ばれる。

現象の背後に不変の実体があると考えるところにあらゆる苦悩の原因がある。この誤りを無明と言う。人は自分の中には「自我」と呼ばれるべき何かがあると漠然と考えている。多くの人は「自我とは何か」と自ら探求をしたわけでない。「自我」が私の中心であり、それが私を私たらしめていると考えることに馴らされているだけである。その漠然とした思いが苦悩の根元であることに気づかない。

それゆえに、無明を消滅せよ、渇愛を消滅せよと説かれる。現象を現象として見よと説かれる。それが「如実知見」である。

我や霊魂や実体というような幻想が完全に破棄されたとき、涅槃が了悟される。それはいわゆる存在論的な妄想の完全な破棄である。

涅槃とは何かの実在の全滅でもなく、個我が絶対者と合一することでもなく、また全く表現できない神秘の体験でもない。それは事物をあるがままに了悟することである。

Ⅳ　付篇　ミリンダ王故地旅行記

本書を含む「人と思想シリーズ」共通の構成企画として、読者の理解と興味を高めるために、本文中に三十点ほどの関連する写真や図版・地図などを挿入することが定められている。しかし、私は、今から三十年以上も昔、当時留学していたスリランカより飛んで、汽車とバスによる二カ月以上におよぶインド一周の踏査旅行に、寝袋をかついで出かけたのを最初として、長い間にインドへは何回も行ったことがあるが、かつての西北インド、現在のパキスタンには、ついぞ足を延ばしたことはなかった。したがって、この地方のいかなる写真も所有はしておらず、また、この地に対するいわゆる「現場感覚」にも欠けていた。そこで今回、これを機会にパキスタン行きを計画し、若い友人、竹内良英君（愛知学院大学・元講師）を誘った。そして二人で、ミリンダ王ゆかりの故地を中心に、ガンダーラ地方やインダス河上流、パンジャーブ州の一部の駆け足旅行を試みた。言うまでもなく、この地方はかつて東の中国方面からも、また西の中近東・ヨーロッパ方面からも、陸路、インド亜大陸に入る際に必ず通らなければならない玄関口であり通路であった。そして、ここは有名なガンダーラ仏教美術の故郷であり、また部派仏教教団最大の「説一切有部《せついっさいうぶ》」の本拠地でもあったところで、仏教遺跡の宝庫として、かつまた、まことに風光明媚な土地としても大変名高い。われわれのパキスタン旅行は、平成八年三月二十二日から三十一日までの十日間であった。以下、はじめに現在のパキスタンについて概説し、次に、その紀行見聞記を日誌風に記述する。

一　パキスタンとは

現在の正式の国名を「パーキスターン－イスラーム共和国」と言う。「パーキスターン」とは、ウルドゥー語で「清浄な国」という意味であるが、同時にそれは、この国を構成する主要なる四つの州であるパンジャーブ州のP、北西辺境州（アフガン州）のA、カシュミールのK、シンド州のS、バローチスターン州の末尾のTANをとって、Pakistanとしたものでもある。

パキスタンとは

この国は一九四七年八月に、西パキスタンとしてイギリスの植民地から独立、東ベンガル地方の東パキスタンと一緒になって「飛び地国家」を形成した。しかし、東パキスタンは一九七一年に独立してバングラデシュとなり、西パキスタンが現在のパキスタンとなった。首都はイスラマバードである。

パキスタンは、国土面積約八十万平方キロ（アーザード－カシュミールなどを含む）、日本の二倍以上の土地に約一億三千万人近い人が住む。国民は、パンジャービー、シンディー、パシュトゥーン、バローチなどの諸民族から成るが、その九十七パーセントはイスラム教徒であり、言語は、国

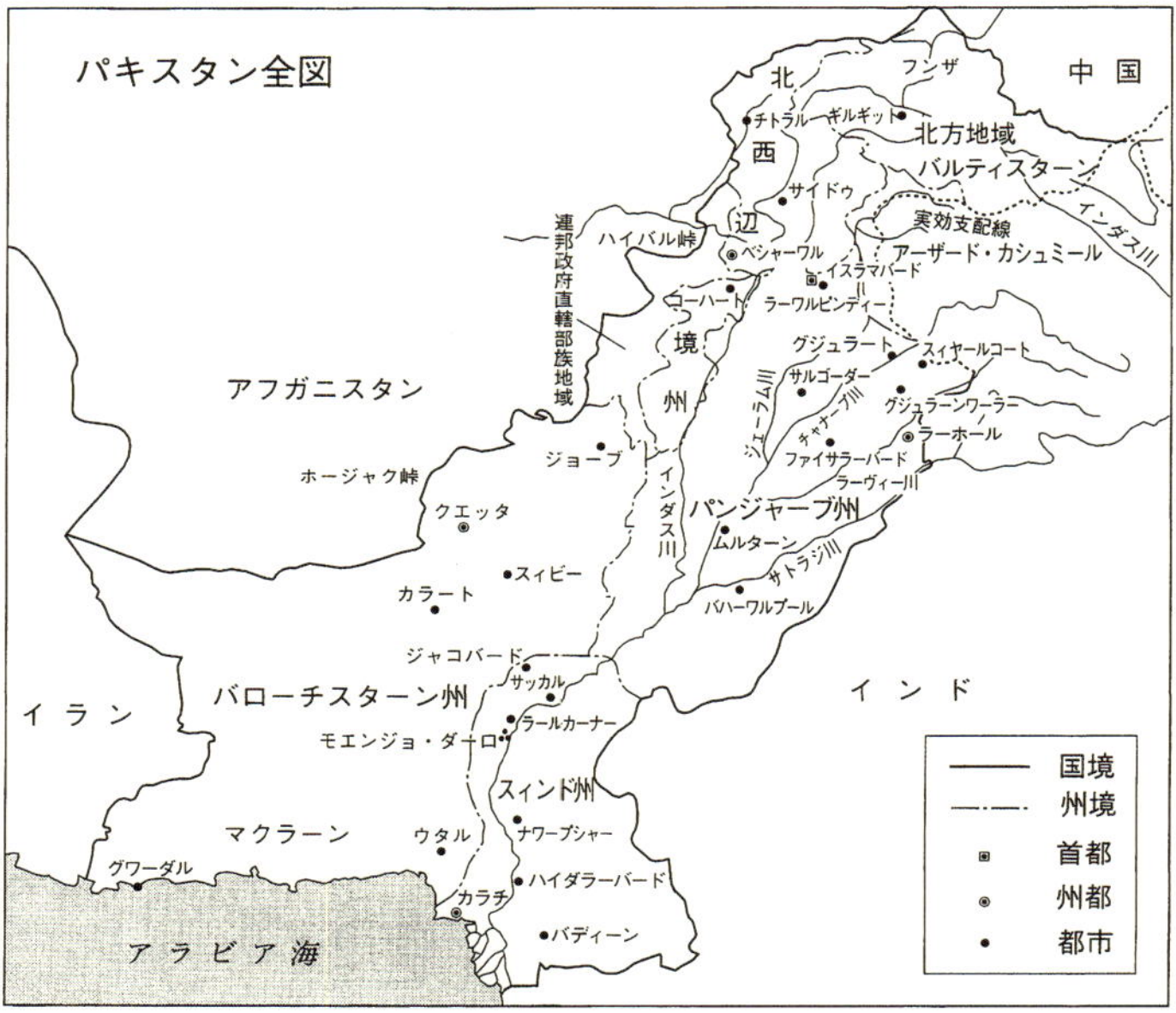
パキスタン全図
中国
フンザ
北
西
辺
境
州
チトラル
ギルギット
北方地域
バルティスターン
インダス川
サイドゥ
実効支配線
連邦政府直轄部族地域
ハイバル峠
ペシャーワル
イスラマバード
アーザード・カシュミール
コーハート
ラーワルピンディー
グジュラート
スィヤールコート
アフガニスタン
サルゴーダー
グジュラーンワーラー
ジェーラム川
チャナーブ川
ラーホール
ジョーブ
ファイサラーバード
ホージャク峠
ラーヴィー川
インダス川
パンジャーブ州
クエッタ
ムルターン
サトラジ川
スィビー
カラート
バハーワルプール
ジャコバード
サッカル
インド
イラン
バローチスターン州
ラールカーナー
モエンジョ・ダーロ
スィンド州
マクラーン
ウタル
ナワーブシャー
グワーダル
ハイダラーバード
カラチ
バディーン
アラビア海
国境
州境
首都
州都
都市

語としてのウルドゥー語のほかに、シンディー語、パンジャーブ語、パシュトゥー語、バローチ語が使われ、それに英語も広く話されている。この国はこのように典型的な多民族多言語国家である。

国土はインド亜大陸の西北部に位置し、東側はインド、西側はアフガニスタン、イランと国境を接している。北端にはカラコラム、ヒンドゥークシュの両山脈が走り、それが南東のヒマラヤ山脈へと連なって、世界第二の高峰として有名なK２（八六一一メートル）など標高七、八千メートル級の山々がそびえる、いわゆる世界の尾根を形成している。その山間から南のアラビア海まで、国土の中心部をインダス河が貫流し、その上流で五つの支流が流れる一帯がパンジャーブ州（五河地方）で、ここはインド－アーリア人の侵入によってはじまった、インド－アーリア文化発祥の地として名高い。

国土は、このパンジャーブ州に、北西辺境州（アフガン州）、西部のバローチスターン州と南部のシンド州を加えた四州を中心として、別に共和国政府管轄下の「北部地域」と七つの「直轄部族地域」や「首都区」、さらには形式的には独立国の体裁をとってはいるが、実質的にはパキスタン政府の保護下にある「アーザード（自由）カシュミール」などから成っている。

ちなみに世界最古の文明の一つであるインダス文明の、有名なハラッパー遺跡はパンジャーブ州に、モヘンジョ－ダロー遺跡はシンド州にそれぞれ所在する。

二　旅行日記

三月二十二日（金曜）　晴天

予定通り、午前十一時五十五分、成田発北京経由のパキスタン航空の便で日本を出発し、首都イスラマバードの空港に、現地時間の午後八時十五分に無事到着。両国間の時差は四時間であるから、途中、北京空港での約一時間の給油時間を含めても正味十二時間二十分ほどのフライトで、その日のうちに目的地に着いた。かつてシンガポールかバンコクあたりで乗り換えて、いったんインドに着き、そこからさらに国境を越え、二、三日かかってパキスタンに入ったような時代のことを思えば、その便利さには隔世の感がある。

空港には、今晩からお世話になるニッパトラベル社からの迎えの車がきていた。同じ便で到着した同乗の客がもう一人いて、彼はなんでも東京の公立中学の数学教師であるが、ヒマラヤの山々に魅せられて当地に通ってくる登山家だそうだ。彼は翌日からシェルパ一人を雇い、単独でヒマラヤのどこかの山に登りに出かけた。日本人にとって比較的馴染みの薄いパキスタンとわが国とを結ぶ数少ない交流の絆の一つが、このヒマラヤ登山である。この国は、ヒマラヤへの西のルートとして、有名なK２をはじめとする多くの名峰や高峰が日本人を招き寄せているようである。その魅力の一端は、今度の旅行でヒマラヤの手前の山々を遠くから眺めただけでも、少しはわかった気がした。
　この夜は遅くまでかかって、「シルクロード」という民宿も経営している旅行社ニッパトラベルの女主人に、明日からの旅程や車の手配などの相談にのってもらった。

三月二十三日（土曜）　晴天

　パキスタン踏査行第一日目の今日は、タキシラを日帰りで訪れる予定である。早朝起床、七時すぎに宿を出発。昨夜は暗くて見ることができなかった首都イスラマバードの市街地を通り抜け、一路タキシラを目指して西に向けて走る。

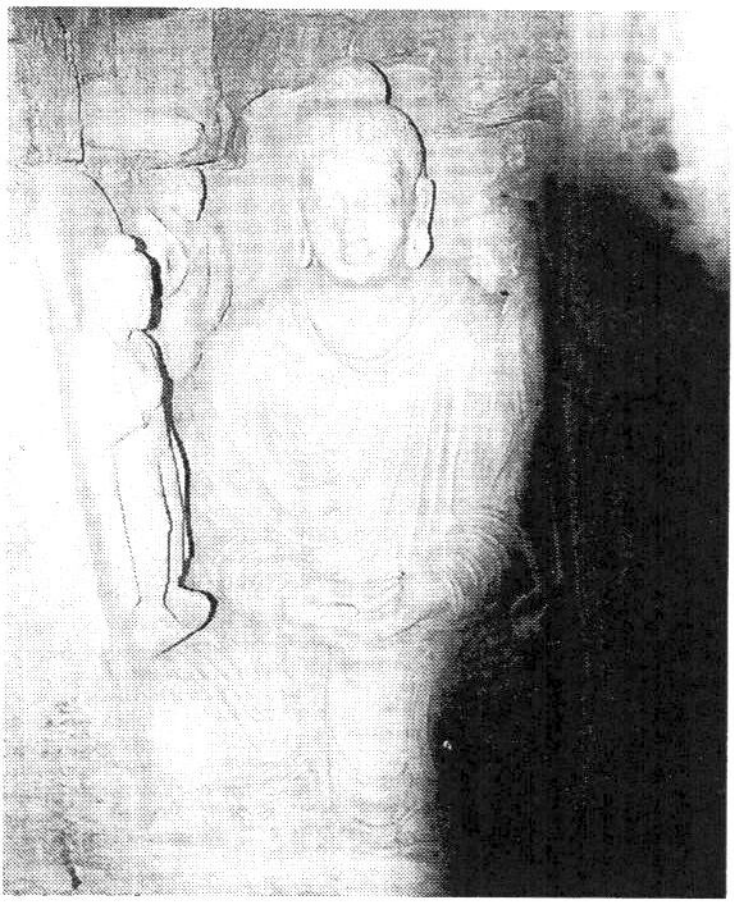
廃虚の座仏／タキシラのジョーリアーン塔院遺跡にて

　チャーターした車は、もともとは日本の鈴木自動車の軽自動車「アルト」である。ただしエンジンの排気量は、軽自動車の六六〇ccから八〇〇ccほどにアップしてあって、名前を「スズキ」と呼ぶ。エアコンをかけていても大人三人を乗せて、みんなが高速道路なみに飛ばす幹線道路でも、またデコボコの山坂道でも、なかなか機敏によく走った。
　ちなみにこの国では、現在、タクシーをはじめ大部分の自動車がこのスズキであり、ときどきはトヨタのカローラや日産のサニーを見かけたが、これらはいわば「高級車」

の扱いである。スズキはこの国の国民車であって、乗用車では日本製以外の車はほとんど見かけなかった。九時頃には、約四十キロの道程を走破してタキシラに入る。ここはガンダーラ大盆地からは少しはずれるが、その東の玄関に相当し、この地方最大の遺跡がある土地である。

まず、西暦二世紀のクシャーナ王朝の頃に創建され、四‐五世紀に大改修がなされたとみられているジョーリアーン塔院跡を訪れた。それは小高い丘の上にあった。入り口部分の下層塔院から中に入ると、その奥（南側）の一段と高い一角には、四角い基壇とその上の円形の基底部のみが残っている主ストゥーパ、それを取り囲む約二十基の奉献塔がある。その東側は僧院（居住区）で、内庭を取り囲む形で約三十ほどの「小居室」（クティ）が並んでいる。さらにその東側には集会所や台所・食堂などの跡が残っている。そしてストゥーパの基底部分や、小室と小室の間の奥などには、数多くの仏像、象やライオン、悪魔などのスタッコの浮き彫り像などが残存している。

次に訪れたのは、モーラ‐モラード寺院である。この遺跡は二世紀から五世紀にかけてのもので、大小二つのストゥーパと僧院跡などが主な遺構である。ここにも浮き彫りの仏像などが多数あり、また弥勒菩薩像も発見されている。

次に行ったのがシルカップ遺跡である。これは紀元前二世紀頃、この地に侵入したギリシャ人が建設し、三百年ほど続いた壮大な古代都市の跡である。碁盤の目のように整然と区画された街路が縦横に走る都市遺跡の中に、西アジア（イラン）起原と考えられている「双頭の鷲」が止まるインド風のチャイティアー アーチの浮き彫りを残すストゥーパは、ギリシャ、イラン、インドの三文化融合の象徴として特に名高い。

次にタキシラ博物館に入った。館内に展示されている当地方出土の多くの遺物遺品の中で、とりわけ私が注目したのはコインの展示であった。展示されているコインは全部で百四十八枚、それが鋳造した王ごとに一から二十九までに分類されていた。しかし同一コインの表と裏をペアで出して二列に並べていたから、実際の種類はその半分の七十四種である。コインには金・銀・銅の三種があり、形は円形か四角であった。私が刮目《かつもく》したのは第十三番目のグループの十八枚、それはまさしくミリンダ王の貨幣である。説明には「カーブルの王メナンダー」(Menander,King of Kabur) と書かれており、この十八枚（九種）は、二十九のグループ中最大の数で、他を大きく引き離していた。その九種というのは、金貨一種（円形）、銀貨六種（円形）、銅貨二種（四角形）であった。このように多くのミリンダ貨幣の実物に接して、私には初めてミリンダ王が実在の人物として現実味をもって認識されるようになった。

博物館を後にして、次にはダルマラージカ寺院跡を訪れた。ここは元来タキシラの最大最古の寺院で、ダルマ＝ラージャ（法王）と呼ばれたマウリア王朝のアショーカ王（前三世紀）が創建したとされるが、後代の建立である直径四十六メートル、高さ十四メートルの大ストゥーパ跡が特に有名である。

この日、最後に訪れたのがジャンディアールである。ここはギリシャ様式の神殿遺跡で、前二世紀の中頃にバクトリアのギリシャ人によってつくられ、二百年近く存続したとみられている。一説によれば、これはゾロアスター教（拝火教）の神殿であった。

その他、タキシラ最古の都市遺跡、ピッパラ仏教寺院遺跡、ビール－マウンド、シルカップの後継都市として建設されたシルススの遺跡など、この地には見るべき歴史遺産がなおいくつもあったが、残念ながら時間の都合で今回は割愛せざるを得ず、われわれはこの日、夜遅くなってイスラマバードに帰着した。

三月二十四日（日曜）　晴天

今日から一泊二日の予定で、イスラマバードより東南に下り、通説ではミリンダ王の都、サーガラに比定されている現在のパンジャーブ州シアールコート、およびさらにその先の国境の町、シャーカルガールまで行くことにした。

早朝、イスラマバードを出立、われわれの「スズキ」は幹線道路をかなりのスピードで疾走し、途中から道を左に入ってマニキャーラの仏教遺跡を、まず見学する。ここは、直径約四十メートル、高さ三十メートルにも達する、釜を伏せたような形状の半壊した巨大ストゥーパの跡である。もちろん、この高さは現状を示すものであって、かつてはその数倍はあったことだろう。

ここから幹線道路に引き返す途中で、学校の校庭（と言ってもそこには何の柵もない路傍である）

シアールコートの
露店商人

にイスを並べて、小学生が数十人、授業を受けている光景を目撃した。車を停めて近づいていったら、中年の男の校長が出てきて、コーランなどを教えていると説明してくれた。他にも数名いる女性教師も加えて校長たちとのスナップ写真の撮影を希望したところ、女性教師たちは承知せず、やむなく校長一人だけのスナップを撮ってそこを去った。イスラム教のこの国では、一般に、成人女性の写真撮影は大変に困難であり、無理にスチール写真などを撮ったりすれば、周囲の男性たちから何か仕返しでもされかねないという危険が大である。

ふたたび幹線道路をひた走り、午後の四時頃にやっとシアールコートに到着した。途中で寄り道をしなくても、イスラマバード、シアールコート間の距離は二百三十キロもある。この町は、人口三十数万ほどの地方都市で、パンジャーブとカシュミールを結ぶ通路上の交易中心地として、インド－パキスタンの分離独立までは大いに栄えた。シーク教の開祖ナーナクにちなむ聖地でもあり、スポーツ用品工業や医療用品・刃物・製紙などの諸工業も存在する。市街の中心には小高い丘があって、そこには市の各種施設があり、また市民公園のようにもなっていて賑わいを見せていた。この丘の上からの、市街地とその先の広大な平原の眺望は素晴らしく、もし昔、ここがミリンダ王の都城であったのなら、彼の王宮は間違いなく、地政上この丘の上に建っていたものと想像されるが、残念ながら考古学的発掘が行われて、そのことが立証されたという話は聞かない。

丘の上に車でたどり着き、そこからさらに徒歩で登っていこうとしたとき、突然、一人のパキスタン人に日本語で話しかけられた。彼は日本にかつて数年間滞在していたことのある人で、現在は観光案内の仕事をしているとのことであったが、率先してわれわれを丘の一角の展望のよくきくところへと案内してくれた。このように見知らぬ現地人から日本語で話しかけられ、いろいろと親切にされたあげくに何か不当な要求や不正行為の被害にあって不快な思いをすることは、どこの国を旅行してもよく遭遇することなので、われわれは内心かなり警戒して接していたが、彼は特に何のリクエストも持ち出すことなく、やがてわれわれのスナップ写真に神妙に収まってから握手をしてそこで別れた。彼はシアールコートのような田舎の町で思いがけず日本人を見かけ、懐かしくて声をかけてきただけのようであった。

この日は当地に宿泊の予定であったので、やがてわれわれは市の中心街に近い、シルバースプーン（銀の匙）という洒落た名前のホテルに投宿した。チェックインしてからもまだ時間があったので、さっそくカメラを下げて夕方の市街地見学に出かけた。人通りの盛んな広い通りを物珍らしげにキョロキョロしながら、少々無作法かつ大胆な振る舞いで、多少危険かなとは思いつつ、つい夢中になってシャッターを押しまくって歩いた。食べ物屋の中に入ってスナップショットを撮ったり、店先で料理してそのまま売っている小さな店を軒並み撮りまくっているときに、小さな異変が起きた。

突然、見知らぬ中年の男性から声がかかった。彼はセキュリティー関係の者だと名乗って身分証明書のようなものをちらつかせながら、「お前たちはどこからきた、ここが軍用基地であることを知って写真を撮っているのか」と詰問してきた。確かにシアールコートの市街のはずれに陸軍のベースがあることは、車中からすでに確認していたが、そのときわれわれが撮影していたところは街の賑やかな繁華街で、被写体はあくまでも街頭風景や庶民の生活ぶりであり、決して軍事機密に属するようなものではなかった。それなのに、あたかも軍事機密を探るスパイであるかのような嫌疑をかけられて、パスポートの提示を求められた。彼とわれわれ二人の周囲には大勢の人垣ができて、じっとなりゆきを見守っている。われわれはやむを得ずパスポートを見せ、自分たちは日本人観光客で、街頭風景を撮っているだけであって、決して軍事施設を撮影しているわけではないと抗弁した。しかし彼のほうはかさにかかっていろいろと難癖をつけていたが、やがて「自分は公用で日本の東京とか横須賀とか呉とか佐世保とかに行くことがあるかもしれない、そのときはお前たちに連絡したいから名刺をほしい」と言い出した。これは少しおかしいと感じたので名刺は持っていないと断った。そういえば、最初に彼がちらつかせた証明書はアーミーベースへの通行証のようなもので、決して職務や所属を示す身分証ではなかった。しかしこうなったらとにかく長居は無用なので、「自分たちは決して怪しい者ではなく、軍事施設を撮ったつもりはまったくないので許してほしい」と詫びを入れて、やっと放免してもらった。

この事件を、この国に何十年も住んでいるニッパトラベルの女社長に後で話したところ、彼女のコメントでは、その男は退屈しのぎにハッタリを利かせて一芝居うって楽しんだのだということである。何よりもまず、彼は大勢の群衆に対して自分は英語がこのようにできると誇示したかったし、この一件を家族や友人や同僚に詳しく語り、まず一週間ぐらいは絶好の茶飲み話にするであろうということであった。いずれにせよ、これもインドとの長年の国境紛争を抱えるこの国の厳しい現実の一面であって、不用心な観光はやはり謹まなければならないということであろう。そういえば、この国で何年か以前に、早大生二人がインダス河をカヌーで下って楽んでいたときに誘拐され、身代金を請求されるという事件があったことを思い出した。

三月二十五日(月曜)　晴天

今日もまた早朝に起床、まだ人通りの少ない昨日の街路をもう一度散歩してから、七時半頃シアールコートを出発しシャーカルガールに向かう。一説によれば、シャーカルガールもまたミリンダ王の故都と推定されている場所なので、

牛糞（ごふん）の山／インド国境の村バラバイにて

学問上の何の根拠もあるわけではなかったが、とにかく訪問してみることにした。街は典型的な古いイスラムの市街というたたずまいで、狭い通路の両側には古くて汚い店舗が軒を連ね、大勢の人と馬車、そして、ときとして旧型の自動車や自転車がひしめき合うように往来していた。

シャーカルガールはすでに「国境の町」であるが、ここからさらに十二キロほど行くと印パの国境線が本当に見られるというので、車をさらにインド側に走らせ、パキスタン側最端のバラバイという小さな村に入った。そこからは確かにインドとの国境が望見できたが、その風景はあくまでも長閑で、広々とした大平原の平和な風景であった。国境とは間違いなく人間が勝手につくった「人為」にすぎないということが今さらながらに実感された。

国境の村から引き返し、ふたたびシャーカルガールとシアールコートを経由して、三百キロ近い道程を一路イスラマバードに帰り着いたときは、もう夜であった。途中の風景としては、牛の糞を集めて大きな饅頭のような形に固め、それを壁一面に手のひらで張りつけ乾燥さ

美しいスワート河の風景／インダス河の支流

せてつくる、いわゆる「牛糞《ごふん》」の山があちらこちらで見られたのがとても印象的であった。言うまでもなく牛糞は燃料として使用されているが、もし牛の糞を肥料として使えば、農地が肥沃になり、農業生産力が増大することはよくわかっているのであるが、その余裕がないままに、これを燃料として消費してしまっている。ここにもこの国の厳しい現実の一面が露呈している。これはインドでも同様である。

三月二十六日（火曜）　晴天

今日からは二泊三日の旅程で、いよいよ北部パキスタンのスワート地方に行き、帰りにはガンダーラ仏教美術の中心地ペシャワールに寄るという旅に出る。早朝、イスラマバードを出発、幹線道路を西に向かい、タキシラを通ってペシャワール方面を目指すが、途中、ノウシェラというところで右折して今度は真っすぐ北上する。マーラーカンド峠のあたりで昼食、さらに、その日の宿泊地であるスワート渓谷の中心、ミンゴーラを目指す。やがてインダス河の支流のスワート河に沿った道に出たが、この河は水量も豊かで、日本の河川のように水清く、名産のマスを漁するゴムボートが一隻だけ中流に浮かんでいた。

ミンゴーラの手前十四キロほどの地点で、シャンカルダール仏塔に立ち寄る。ここは、かの玄奘三蔵(六〇〇－六六四)の『大唐西域記』にも、「上軍王の塔」として記録されているところで、紀元三－四世紀の建立とされている。現状では、塔の高さが三十メートル弱、直径は十三メートル弱、周囲には特に遺跡らしきものはなく、代わりに民家の集落が近くにあった。

次にはその近くのウデグラームの遺跡に向かった。「ウデグラーム」とは、おそらくサンスクリット語の udgrāma（上の村）に由来する地名で、そこには前四世紀より後四世紀頃まで栄えた古いバザールの跡があり、石垣に囲まれた一角には、街路の跡や建物の土台などが残っている。また、その近くにはイスラム教の墓地もあった。背後のかなり高く険しい山の上には「ラージャ－ギーラの城」と呼ばれる城郭都市遺跡がある。ここはアレクサンドロス大王が攻略した第三の都市、オラに比定されている。ラージャ－ギーラとは、おそらくこれもサンスクリット語のラージャ－グリハ(王の峰)に由来する名前だと考える。時間と体力の関係で、私はその山頂の遺跡までは登ることはできなかったが、その途中にある十一世紀にイスラム教をこの地に初めて伝えたフシュハール＝ハーン将軍の墓のある M.Ghaznavi モスクの跡までは登った。この中腹からの、スワート河を含んだ渓谷全体の眺望はまことに素晴らしかった。この時期、スワート地方はすでに晩春で花の季節の盛りはもう過ぎていたようであったが、それでもアンズやモモ、リンゴ（?）など色とりどりの花が一斉に開いて、その遠望は信州あたりの高原の春を想わせるものであった。
この日の夕方、われわれは予定通りミンゴーラのパミールホテルに投宿した。

三月二十七日（水曜）　薄曇り

八時少し前にホテルを出発、この日はまずシャホリーの磨崖仏《まがいぶつ》を尋ねて、ミンゴーラからさらにスワート河の上流を目指して十二キロほど車を走らせた。スワート河の支流の左岸を進んでいくと、やがて対岸の山の中腹にかすかに磨崖仏が見えた。付近には橋らしきものが見当たらないので、浅瀬を石伝いに対岸に渡ったところ、二人の少年に出会ったので案内を頼んだ。山腹の小道をかき分けるようにしてしばらく登って行くと、高さ四メートルほどの座像の磨崖仏の真下にたどり着いた。それは、リアルな存在感があり、ガンダーラ仏とは一味違うおだやかな雰囲気を持った仏像であった。七－八世紀の作とされている。帰り道で案内の少年たちが近くにもう一体仏像があると言うので後について行ってみると、山中の小道のかたわらに別の磨崖座像が一体、まったく人に顧みられることなく残っていた。それは、結跏趺坐《けっかふざ》を崩して左足を半ば投

シャホリーの「野の菩薩」

げ出すような半跏趺坐《はんかふざ》の姿で座り、右手は肘を曲げて二つに折り返し、左肩には蓮華の花の一茎を掲げるようにして抱え持ち、頭部には宝冠らしきものを戴いている。これはおそらく観音菩薩像であろう。後で文献を調べたところ、スワート考古博物館所蔵の大理石の観音菩薩像の中に、これとまったく同じ姿のものがある。説明によれば、それは七－八世紀の作で、スワート地方によく見られる観音像である。いずれにしてもこの磨崖仏は、土地の人以外にはあまり知られていないもののようである。思いがけずオマケの発見ができたことに感謝して、二人の少年には幾らかのチップをはずんだ。このあたりの子供はさすがにいまだ観光客ずれもしておらず、純朴な印象であった。

次に訪れたのが、ミンゴーラの東はずれにある、この地方最大のブトカラ仏教遺跡である。ここには、基底の直径が約十八メートルもある大ストゥーパを中心に、周囲に数多くの小ストゥーパや奉献塔が群立していた。これらの基底部分などには、さまざまな種類の仏教モチーフを描いたレプリカがたくさん残存している。半ば破壊された仏像も多数見られ、また大ストゥーパの正面の、狛《こま》犬《いぬ》然とした一対のライオンの半壊石像も印象的であった。遺跡の北側部分には大きな建造物跡があり、そのさらに北側から西側にかけては居住区跡があった。寺院の創建は紀元前三世紀とみられているが、それ以降十世紀までの間に、前後五回ほどの改修や拡張工事が行われ、現在の遺構となった。また、長い回廊の床にわずかに残っているコバルトブルーの鮮やかな色の敷きガラスも、この寺院のかつての繁栄を偲ばせるものである。遺跡の周囲は樹木が生い茂り、一種、公園のように小ぎれいに整備されていた。

ここを後にしてから、イギリス統治時代から続く有名なセリーナホテルで昼食をとり、午後からはスワート考古博物館に入った。入口の掲示によると、当博物館に対しては日本政府も助成金を出しているようである。ここでも当地方で収集された遺物遺品をたくさん見学したわけであるが、何しろここでは展示品の写真撮影は禁止されていたので、手もとには一枚の写真もなく、どちらかと言えばその印象は大変薄い。この国の博物館には、ここのように展示物の撮影禁止のところと、翌日行ったペシャワール博物館のように、撮影料を正式に徴収して許可しているところと、頼みもしないのに館員が近寄ってきて展示品の説明をはじめ、やがて法外な「チップ」と引き換えに撮影の「特別許可」を与えるといったところ（タキシラ博物館）とがあった。これもこの国の一つの現実である。博物館を出て、いったんホテルに帰り、夕方、付近のバザール見学に出かけた。

三月二十八日（木曜）　曇りのち晴れ

朝七時三十分頃、ホテルをチェックアウトして帰路についた。同じ道を引き返して、ウデグラームよりも数キロ先の地点、道路の左側、約百メートル奥の小さな丘の麓の岩壁に、ゴグダラの遺跡があった。中央には犬や馬を描いた線刻画や文字らしきものが見られる。少なくともこの線刻画は、紀元前十世紀頃のものと考えられている。しかしその周りには後世の落書きらしきものも多い。この古い線刻画の右

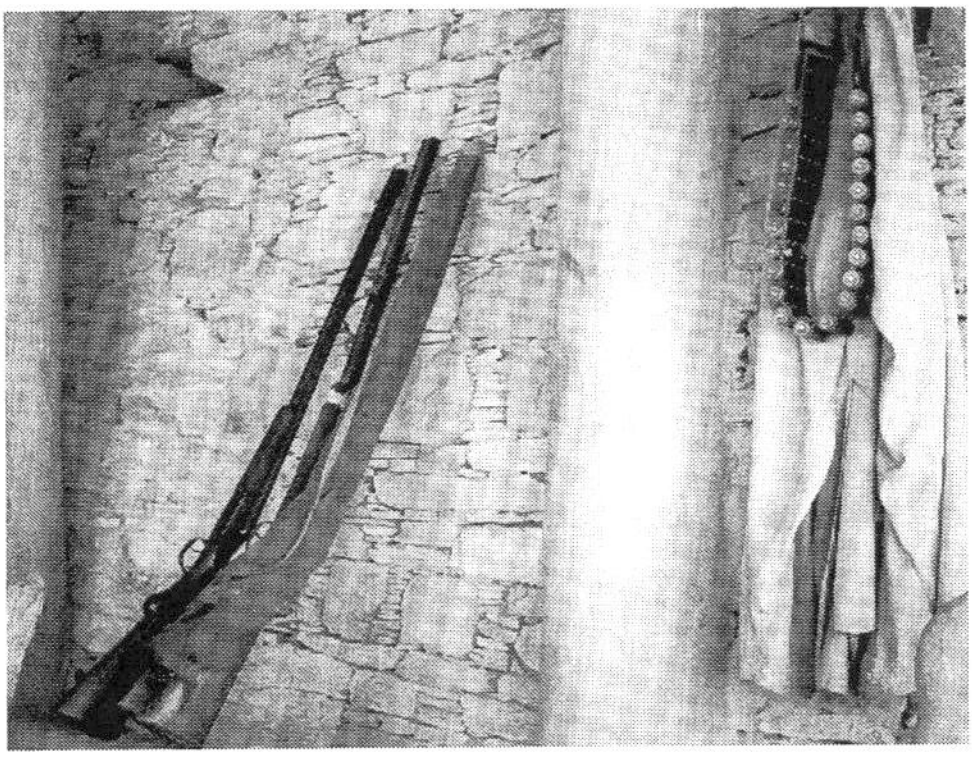

昼夜遺構を守るライフル銃／タフティバーイ僧院跡にて

上のところには、仏像のかすかなレプリカが見える。そして左側数十メートルのところに四体の磨崖像がかなりはっきりと残っている。顔面などは例によってみな削られているが、中心の一番大きな像は、その姿が昨日案内された例の観音像とまったく同じであり、宝冠と蓮華の花茎も明瞭である。

ゴグダラよりさらに数キロ進み、ミンゴーラから十二、三キロの地点に、ガーリガイの磨崖仏があった。これは結跏趺坐し定印を結んだ座仏で、高さは台座を含めておよそ三メートル、顔面を含めてその上半身は壊されているが、下半身ははっきりと原形をとどめている。全体に柔らかい感じの像である。さらにこの仏像の左側の階段を二十メートルほど登った最上部の洞窟の右手の岩面にも、合計四体の小さな仏像が刻まれて残っている。

その日の宿泊地、ペシャワールを目指して西南方向に進む途中で、次に立ち寄ったのがタフティバーイの仏教遺跡であった。ここは、ガンダーラ仏教寺院の代表的な遺構であって、小高い山上に壮大な全容を誇っていた。町はずれの白い一本道を進み、最後はジグザグの長い階段を登ると、やっと山の中腹の遺跡の入り口に達する。入り口から中に進んだところが中院で、ここが左手（南側）の塔院と右手（北側）の僧院とを結んでいる。中院には三十以上もの小ストゥーパとそれを囲むように幾つもの祠堂が並んでいる。南側の塔院の中庭には、中央に大ストゥーパの四角い基壇だけが残っている。僧院も中庭を囲む形で僧坊（居室）が整然とならび、その東側には台所や食堂の跡がある。遺跡の西側には、集会場や地下の瞑想場、テラスなどがあり、以上が遺構の全体である。ここからは多数のガンダーラ仏像などが収集され、そのうちの程度の良好なものはペシャワール博物館に保存されている。遺跡の一角には管理人の事務所があった。周囲に有刺鉄線を張り巡らし、彼らはライフル銃を三丁も用意して、泊まりがけでこの遺跡と遺物とを盗難や破壊から守っているのである。しかし同時に、彼らはチップ目当ての説明案内役を自主的に買って出るのであった。それだけではない。遺跡の外には、何人もの男が待ち受けていて、この土地の出土品と称するものを売りつけてきた。その時は、この品はすべて偽物に決まっていると思って一切取り合わなかったが、今になってみると、それらは案外、本当に本物の出土品だったのかもしれないと考えている。ここにもこの国の一つの現実が窺えるのである。

また、十人ほどのパキスタン人の男女の一行にここで出会った。心なしか彼らは、例えば、スリランカの仏教徒が自国の仏跡を巡拝するときのような敬虔な雰囲気ではなく、あくまでものんびりぶらぶらと遺跡見物を楽しんでいるという感じだった。アメリカ人の老夫婦とも行き会って、少し話をした。この旅行中、外国人に出会うのは珍しいことだった。なお、この遺跡はこの一角だけではなく、隣の山の中腹にも石板を積み重ねた褐色の建物や長い壁の遺構が点々と残存している。その全体が壮大な一大複合寺院を形成していたのであろう。そしてこの山腹から見渡したガンダーラ平原の遠景がまた強く印象に残った。

タフティバーイを去って午後一時過ぎに、ようやくペシャワールに到着。遅い昼食をとった後、その日の宿泊先たるディーンズホテルに入った。ここもイギリス時代からの由緒あるホテルで、内部は万事にゆったりとしていた。この日は珍しく時間に余裕が生まれたので、三時過ぎから、この町の新市街にある大きなバザールに出かけ、一回りしてきた。

夕食時、われわれは後学のためにささやかなことに挑戦した。それは、禁酒国パキスタンでビールを飲んでみようという試みである。言うまでもなく、イスラム教のこの国では、アルコール類は原則として一切禁止である。しかし外国人に限って、特別な申請が認められれば、特定のホテルやレストランにおいて、これを購入することが可能であるとされている。ディーンズホテルほどの国際級のホテルなら入手は可能なのではないかということで、ビールを一本注文したところ、お上に対する特別購入申請書のようなものと、その申請が許可されたうえで初めて有効となるビールの注文書という二通の書類が用意され、同時にサインをさせられた。そのうえで大変に高価な大瓶一本が届けられたのでさっそく試飲してみたところ、センブリのように何ともまずい味で、いかに味わ

ガンダーラ美人

ってみてもアルコール分はゼロとしか判定できなかった。つまりそれは限りなくまずいノンアルコール飲料か、あるいはアルコール度の非常に低い水みたいなビールであったのかもしれない。いずれにしても、それはパキスタンの国産品であった。もちろん冷やしてもなかった。かくてわれわれは大変高い月謝を支払って、また一つ利口になったわけであった。これもこの国の一つの現実である。

三月二十九日（金曜）　雨のち曇り

六時に起床、八時にホテルを出たが、まだ博物館は開いていないので、カッチンガリという、ペシャワール郊外の大きなバザールに出かけた。途中、アフガン難民のための大きなキャンプがあったが、ここは施設が半恒久的につくられていて、一種のニュータウンの観があった。ここの住民は難民として、すでに長く定住しているのであろう。そういえば、ペシャワールとは「国境の町」という意味だそうで、ここは古来、中央アジアとインド亜大陸（現在なら、アフガンとパキスタン）とを結ぶ有名なハイバル峠よりわずか十五キロほどの地点にある。今まで各地の道路沿いのあちらこちらで、二、三十のテントがかたまっているアフガン難民の小さなキャンプはいくつも目撃してきたが、そちらは本当に避難民の生活らしく、その日暮らしのようすがよく窺われた。いずれにせよ、ここにもこの国の一つの現実があった。

やがて博物館の開館時間になったので、市の中心部に引き返し、さっそく入館した。ここでは、二十ルピーの写真撮影料を払えば、展示品の撮影は自由であった。さすがにガンダーラ彫刻の本場の地だけあって、館内には、近隣より収集されたガンダーラ美術の傑作の数々がずらりと陳列されていた。その中で半眼ではなく、両眼をかっと見開いているブロンズの仏像や、古代ギリシャの英雄、シーザー（カエサル）の像を想い出させるようなギリシャ風の石像などが特に印象深かった。

ペシャワール博物館正面

夢中になってカメラのシャッターを押しはじめたところ突然の全館停電、館内には非常灯もなく窓からの採光も乏しくて、撮影は不可能となった。やむを得ずカメラの自動フラッシュを作動させて撮影見学を続けたが、はたしてうまく撮れているのかどうか、心もとなかった。

本博物館にもコインルームがあり、ここでもミリンダ王の貨幣を見つけた。それは四枚の小型の銀貨で、同一のものの表裏を別々に示していたから、種類は二種類の貨幣ということになる。さきほど

筆者／タフティバーイ僧院跡にて

からの停電は、すべての展示室を一通り見学し終えた頃になってようやく直った。そこで明るくなった各室を、再度さっと見て回った。

長い時間をかけての博物館見学をやっと打ち切りにして、後は、イスラマバードに帰るだけとなった。約百七十キロの道程を走破して、その日の夜遅くになって、ようやくイスラマバードのニッパトラベル社に帰着した。

三月三十日（土曜）　快晴

七時に起床、気候はかなり涼しくてさわやかである。朝食後、首都イスラマバードに隣接しているこの国有数の大都市、ラーワルピンディーのバザールに出かけた。この都市はパンジャーブ平原とハイバル峠とを結ぶ東西の交易の要衝として十四世紀以前に建設されたが、十九世紀半ば以降は、イギリスの軍事的要地としても大いに発展した。パキスタン独立後は、西のカラチの後を受けて、現在の首都イスラマバードの建設中は、しばし暫定首都となったこともあり、商工業の盛んな、活気に満ちた土地である。若干の土産物を買い、市内見物の後に、夕方、帰宿した。

三月三十一日（日曜）　晴天

今日はいよいよ帰国の日。早朝四時起床、五時には宿泊先を車で出発、五時半にはイスラマバード空港に到着。ふたたびパキスタン航空の便で七時三十分に空港を離陸、北京を経由して予定どおり日本時間の午後十時頃、成田空港に着陸。正味十時間三十分のフライトであった。

これで十日間にわたる今回の踏査旅行は無事に終わったのである。

ミリンダ王・仏教史略年表

西　暦	事　　項
前四六三頃（別説あり）	ゴータマ＝シッダッタ（釈尊）誕生、父は釈迦国（今のネパール－タラーイ地方）の王スッドーダナ（浄飯《じょうぼん》王）、母は王妃マーヤー。
前四三四	釈尊、二十九歳で出家、修行生活に入る。
前四二八	釈尊、三十五歳のとき、ブッダガヤー（今のビハール州ガヤー市郊外）で悟りを開き、ブッダ（仏陀、覚者）となる＝仏教の誕生。原始仏教時代はじまる。
前三八三	釈尊、八十歳にてクシナガラ（今のビハール州ゴーラクプルの東方カシアー）において逝去。 マガダ国の首都ラージャグリハ（王舎城）郊外、「鷲の峯」山にて第一結集《けつじゅう》（経典編纂会議）＝経と律の整備確認。 仏教教団、ガンジス河中流地域より西インド方面へ徐々に進出。
前三二七	ギリシャ人アレクサンドロス大王、西北インドに侵入＝ギリシャ軍のインドへの初侵入。
前三二三	アレクサンドロス大王没。

前三一七	チャンドラグプタ王、ナンダ王朝を倒しマウリア王朝を開く。
前二八〇頃	仏教教団、上座部《じょうざぶ》と大衆部《だいしゅぶ》に分裂＝「根本分裂」。
	ヴェーサーリー（今のパトナー市北方のバサール村）にて第二結集。部派仏教時代はじまる。
前二六八	マウリア王朝第三代アショーカ王即位。
	国の内外に伝道師を派遣、仏教は国教的地位を得る。
	カリンガ地方を征服＝古代インドを初めて統一。石柱・岩石面に布告文を刻む＝アショーカ碑文。
前二五〇	ギリシャ人、ディオドトス一世（前二五六―前二三九在位、ミリンダ王の祖）の下に、セレウコス王朝よりバクトリア王国（アフガニスタン北部地方）独立。
	アショーカ王の王子（または王弟）マヒンダ長老、スリランカに上座部系の仏教を伝える。スリランカ王デーヴァーナンピヤ・ティッサ（前二五〇―前二一〇在位）長老に帰依し、首都アヌラーダプラにマハーヴィハーラ（大寺）を創建。
	スリランカ仏教（南方上座部）はじまる。
前二三三	アショーカ王没、マウリア王朝の勢力弱まる。
	南インドにサータヴァーハナ王朝（アンドラ王朝）成立。
	仏教、分裂を繰り返しつつ全インドに普及＝「枝末分裂」。
	ギリシャ人の仏教徒出現。

前二〇六	シリア王アンティオコス三世（前二二三—前一八七在位）、西北インドに侵入。
前一九〇	バクトリア王国第四代のデーメトリオス王（前一九〇—前一七一在位）即位、のちに西インドに侵入支配。これ以降、前一〇〇年頃まで西北インドはギリシャ系の諸王に支配される。
前一八〇	マウリア王朝滅亡、シュンガ王朝はじまる。
前二世紀前半	サーンチー（マドヤ‐プラデーシュ州）の第一塔建立される。
前一六〇頃	スリランカのドゥッタ＝ガーマニー王（前一六一—前一三七在位）、アヌラーダプラに大塔を建立、その落成式に多くのギリシャ人僧がアレクサンドレイア（アフガニスタン）より参加。
前二世紀中頃	ミリンダ王（メナンドロス王、前一六〇—前一四五頃在位）、西北インド一帯に進出、シャーカラ（サーガラ、今のパキスタン‐シアールコート、別説あり）に首都を定める。 ミリンダ王、仏教教団の指導者ナーガセーナ長老（那先比丘）とシャーカラにて対論＝『ミリンダ王の問い』の原型成立。
前一五〇頃	部派教団の枝末分裂さらに進む。
前一三五頃	サカ族、バクトリア（大夏）を占拠。
前一〇一頃	小乗部派教団の分裂、ほぼ終わる。
前一〇〇頃	大乗仏教運動インドに起こる。般若経の原型成立。

	スリランカ、ヴァッタガーマニー＝アバヤ王（前八九―前七七在位）のとき、パーリ語三蔵、初めて書写される。同王のとき、アヌラーダプラにアバヤギリ‐ヴィハーラ（無畏山寺）建立、盛大となる。
前二	中国に初めて仏教伝わる＝大月氏王の使節伊存、博士弟子景盧に浮屠経を口授。
後二五	中国で後漢の成立（―二二〇まで）。
六〇	クシャーナ王朝確立。
	この頃、ガンダーラ地方でギリシャ風の仏像、続いてマトゥラーでよりインド的な仏像の制作が開始される。
	第一期（初期）大乗経典成立（―二五〇頃）＝般若経典・維摩経典・華厳経典・法華経典・浄土経典。
二〇〇	この頃までに『マヌ法典』成立。
二二〇	中国で魏、興る（―二六五）＝三国時代のはじまり（―二八〇）。
二六五	中国で晋（西晋）、興る（―三一六）。
一五〇―二八〇頃	（後漢時代後半―三国時代）漢訳『那先比丘経』中国にて訳出される。

参考文献

このリスト作成の基準は次の通りである。

㈠ ◆印は、現在たぶん入手可能な日本語の一般参考書。

㈡ 無印は本書の執筆に際して、特に参照した専門的研究。

㈢ 原典・原本・その外国語訳・外国語の研究書などは省略。

◆石上善応『対話の仏教経典・ミリンダ王の問い』日本放送出版協会、平成四年

◆辛島昇他監修『南アジアを知る事典』平凡社、平成四年

◆小西正捷編『もっと知りたいパキスタン』弘文堂、平成七年

佐々木現順『業（ごう）と運命』清水弘文堂、昭和五一年

佐々木現順『業論の研究』法蔵館、平成二年

定方晟『異端のインド』東海大学出版会、平成一〇年

◆中村元・早島鏡正訳『ミリンダ王の問い』全三巻（『東洋文庫』7・8・28）、平凡社、昭和三八年―三九年

中村元『インドとギリシアとの思想交流』（『中村元選集』16）、春秋社、昭和四三年
◆中村元『インドと西洋の思想交流』（『中村元選集〔決定版〕』19）、春秋社、平成一〇年
◆平山郁夫他『ふるさとガンダーラ』新潮社、昭和六〇年
◆干潟龍祥訳『那先比丘経』（『国訳一切経・論集部』二）大東出版社、昭和五二年（改訂）
◆平川彰『インド仏教史・上下』春秋社、昭和四九年―五四年
水野弘元訳『清浄道論』全三巻（『南伝大蔵経』第62・63・64巻）、大蔵出版社、昭和四九年（再刊）
水野弘元「『ミリンダ王問経』類について」（『水野弘元著作選集』第一巻＝「仏教文献研究」所収）、春秋社、平成八年
森祖道「『ミリンダパンハ』とアッタカター文献」（『今西順吉教授還暦記念論集＝インド思想と仏教文化』所収）、春秋社、平成八年
和辻哲郎「ミリンダ王問経と那先比丘経」（『和辻哲郎全集』第五巻所収）、岩波書店、昭和三七年

さくいん

【事項】

ミリンダ王《おう》■人と思想163　　定価はカバーに表示

1998年12月15日　第1刷発行©
2016年7月25日　新装版第1刷発行©

・著　者　……………………森《もり》　祖道《そどう》・浪花《なにわ》　宣明《せんみょう》
・発行者　……………………渡部　哲治
・印刷所　……………………図書印刷株式会社
・発行所　……………………株式会社　清水書院

〒102-0072　東京都千代田区飯田橋3-11-6
Tel・03(5213)7151～7
振替口座・00130-3-5283
http://www.shimizushoin.co.jp

検印省略
落丁本・乱丁本はおとりかえします。

CenturyBooks

Printed in Japan
ISBN978-4-389-42163-2

Century Books

清水書院の〝センチュリーブックス〟発刊のことば

近年の科学技術の発達は、まことに目覚ましいものがあります。月世界への旅行も、近い将来のこととして、夢ではなくなりました。しかし、一方、人間性は疎外され、文化も、商品化されようとしていることも、否定できません。

いま、人間性の回復をはかり、先人の遺した偉大な文化を継承して、高貴な精神の城を守り、明日への創造に資することは、今世紀に生きる私たちの、重大な責務であると信じます。

私たちがここに、「センチュリーブックス」を刊行いたしますのは、人間形成期にある学生・生徒の諸君、職場にある若い世代に精神の糧を提供し、この責任の一端を果たしたいためであります。

ここに読者諸氏の豊かな人間性を讃えつつご愛読を願います。

一九六七年

清水梼一

SHIMIZU SHOIN